Shaliko著

人生がパパッと変わる「量子もつれ」のほどき方

胡散くさいけど、これが〝宇宙の真実〟です！

大和出版

はじめに

奈落の底探求ツアーはここから始まった

2015年の夏、道端に転がる石ころのように無力で凡人の私（シャリコ）は、なにかのはずみで「人生の坂道」を転げ落ちてしまいました。

「ああ。イタタタタタ」

私はそのとき、かつての総理大臣が言っていたことを思い出しました。

「人生には、上り坂、下り坂があるが、実はもうひとつ、〝まさか〟というとんでもない坂がある」

「もしかして私が転がり落ちた坂道は、〝まさか〟という〝ま坂〟なの？　まあ、それにしても真っ逆さまに転げ落ちたもんだわね」

と、当然悠長に言っていられるわけでもなく、

「なぜ自分の人生にこんな事態を招いてしまったのか⁉」

驚き、困惑、怒り、悲しみ、落胆、後悔、憎しみ。これらの思いで頭の中は占領されました。


〝ま坂〟を転がり落ちた先は八方塞がりの薄暗い穴ボコでした。

「これが人生の底の景色なのね」

いえいえ、人生の底にはドン底というさらにスペシャルな隠し部屋がありました。

そのときの私はまさに悲劇のヒロインのごとく、人里離れた古城に閉じ込められたお姫様がさめざめと泣いている。そこは、ほの暗い冷たく湿った独房です。


「ワタシって、50歳をとっくに過ぎたオバサンと呼ばれる人種なのに脳内イメージは相変わらずお姫様なんだな」

と、泣きながら自分へのツッコミは忘れませんでした。

お花畑から暗い穴ボコにハマってしまって、さあ大変。

当時の私は、なぜか「自分は悪くない！　悪いのはアイツのせいだ！」と、自分を取り巻くすべての人たちに対して恨みの言葉しか出てきませんでした。

そこでですよ、因果という言葉がフと脳裏をかすめまして、穴ボコに落ちた理由を探るため、自分の内側を探究する奈落の底探検ツアーに挑むこととなりました。

なぜならその時点の私は主婦歴20年。「水回りや台所の異臭は元から絶たなきゃダメ！」と昔のテレビコマーシャルのコピーが焼きついた脳でしたので、クサイ臭《にお》いを元から絶ちたくなったのです。この場合のクサイ臭いとは、自分の人生に招いてしまった不愉快極まりない不都合な事態のことです。

宇宙の基本

その興味は旺盛な探究心により、元《もと》の素《もと》をたどって終《つい》には物質の最小単位の素粒子にまで行き着きました。それは「今のところこれ以上小さく分解できません」という世界観です。

そのミクロの世界に宇宙の基本がありました。それは人間の目では見えないけれど、地球で、宇宙で確実に作用する現象でした。私は物事の土台の根拠の基《もと》を探ればそこに根本《こんぽん》の根本《ねもと》がわかるような気がしたのです。

素粒子とは「物質をつくるもっとも小さな粒」のことでした。

例えば私たちを取り巻くすべての物質は原子《げんし》という粒の集まりでできています。私たちの体や空気、星や水など、すべての物質の材料は原子でした。その原子は、さらに小さな電子やクォークといった素粒子でできています。素粒子をさらに小さく分解することはできないらしい。であるならば、物質の最小単位が素粒子なんですね。

「体は食べたものでできている」と言いますが、さらに分解すると私の体は素粒子でできているんだと知りました。

素粒子と量子

素粒子は、「物質をつくるもっとも小さな粒」のことでした。

量子は、「とても小さい世界でのエネルギーや物質の単位」のことです。

「え？　単位？」

ハイ、例えば光は「波」のように広がる性質を持ちますが、実は「光子《こうし》」という小さな粒の集まりでもあります。この光子は「光の量子」と呼ばれる波の性質も併せ持つ物質の最小単位の粒です。

このように量子の世界では、「粒と波の性質が両方ある」という不思議なルールがあり、これを量子力学という物理学で研究していました。

素粒子も量子の一種と言えますが、「素粒子」は具体的な粒の名前を指し、「量子」はエネルギーや粒の性質を含むもっと広い概念を指します。その概念が粒と波の性質が両方あるという不思議な量子のルールです。それはイメージとして「素粒子は小さな一個の積み木」「量子はその一個の積み木の不思議な性質」と考えるとわかりやすいかもしれません。

まずは、目で捉えることのできない小さな世界では、量子の世界があるということを知りました。

量子は女の子の名前のリョウコちゃんではなく、リョウシと読むのネ。

量子の世界では「ある状態」と「別の状態」が同時に存在することがあります。

「って、ハァア？　なんだって？」

さっそく自我が「そこんとこ意味ワカリマセーン」と、拒否反応を示します。

うーん、カッコつけてわかったフリしてみたくなるけど、わかったようでサッパリわからない。それでも私はこの摩訶《まか》不思議な現象をもっと知りたくなりました。それが「量子もつれ」です。

人生がパパッと変わる
「量子もつれ」のほどき方
CONTENTS

Ⅱ もつれをほどく方法

III 空

KUu

イラスト——井原裕士
本文デザイン——齋藤知恵子（sacco）
DTP——青木佐和子

I

量子もつれ

量子もつれとは

量子もつれとは、量子力学という物理の世界で起こる非常に不思議な現象です。簡単に言うと、「2つ以上の粒子（例えば、電子や光子）が互いに強く結びついて、たとえそれらが離れていても、一方の状態がわかればもう一方の状態が瞬時にわかる」というものです。

例えば、2つの粒子が「もつれ」た状態になると、1つの粒子の性質（例えば、回転方向）が決まると、もう片方の粒子の性質もすぐに決まります。これらの粒子がどんなに遠く離れていても、あたかもお互いが一瞬でつながっているかのように影響し合うのです。

簡単に言えば、「物理的に離れていても、お互いに強く関係している状態」だと考えると良いかもしれません。

こんな説明では、まだあなたは消化不良状態ですね。私もそうです。少しずつかみ砕いていきましょう。

「量子もつれ」を英語で言うとQuantum Entanglement。これはクォンタム エンタングルメントと読みます。クォンタムが「量子」でエンタングルメントが「もつれ」という意味ですね。エンタングルメントという英語に日本語の「もつれ」という語を当てているので、私は混乱しました。

もつれと聞くと糸がぐちゃぐちゃに絡み合って玉のように固まってほどけない様子を想像しますが、量子もつれは絡み合ったものではありません。まあ、エンタングルメントとは、もつれ、絡み合いという意味なので、そう訳すしかないのですが。

私はさらに「痴情のもつれ」とか「男女の絡み合い」とかゲスな想像をして面白くなりました。

そこでミクロな世界の量子でも、もつれるんだから、縮尺を大きくした人間同士の関係性も複雑に絡み合い、もつれるのも当たり前だわ、と妙な納得が起きました。

マクロな世界の存在である肉体をミクロの世界まで分解したら、それは素粒子という粒で、今のところなぜそうなるのかはわからないけれど、量子状態という関係性をつくるんだ、とわかったからです。

クサイ臭いは元から絶たなきゃダメなんだから、その元の性質がちょっとだけわかったので、私はそこで少し満足したのですね。

量子状態にある3つのルール

量子状態の世界観は、私の知る日常とはまったく違うルールで動いていたので直感では理解しにくく、なぜそうなるのかはよくわからないけど、そういう結果になるよね、ということまでは、とりあえずなんとなくわかったことにしておきました。

量子の世界には、私たちの常識とは違う3つの大きなルールがありました。その世界観を量子状態と言うらしい。その3つとは？

1.重ね合わせのルール（同時に2つの状態になれる）

私たちが普段見ている世界では、電気のスイッチは「オン」か「オフ」のどちらかですが、量子の世界では「オンとオフが同時に存在する」と、いうような状態になれます。

例えば、お鍋で鰤《ぶり》大根を煮るとしましょうか。

鰤と大根の下ごしらえをして、生姜のスライスと一緒に味つけをして鍋で煮ますね。そのとき蓋をしたお鍋の中の世界では「煮えている状態」と「煮えていない状態」が同時に重なっている、という言い方を量子状態の世界ではします。

これが先述の量子の世界では「ある状態」と「別の状態」が同時に存在することがある、ということの意味に相当します。電気のスイッチで例えるならオンとオフが同時に存在するという状態です。

この状態を「**重ね合わせ**」と言い、これが量子状態の大きな特徴です。

「ナニそれ？」

蓋を開けて見る前は、「煮えている状態」という可能性と「煮えていない状態」という可能性が同時に重ね合わさっている。それはすでに煮えているかもしれないし、まだ煮えていないかもしれない。電気のスイッチで例えるならばオンかもしれないし、オフかもしれない。

このように量子状態とは、なにかしらのAという状態かもしれないし、Bかもしれない。ココとかソレとか位置も性質も特定できない、つかみどころのない状態で漂うゆらぎを持つ波のような振る舞いをしています。

2.観測すると状態が決まるルール

量子の世界では、人間が見たり測ったりすると「重ね合わせの状態」が解消されて、どちらか一方の状態に瞬時に決まります。人間が観察した瞬間にどちらか一方の状態に決まる。波のような振る舞いだった状態が瞬時に粒の振る舞いをするという性質です。それまでコレとかソレとかココとか特定できなかった波の状態が決定した状態を粒と表現します。

例えば、蓋を開けて鍋の中をのぞいた瞬間に、「煮えている」か「煮えていない」のどちらかに確定するようなイメージです。

これは、「シュレディンガーの猫」という思考実験が有名なので、あなたもYouTubeなどでご覧になってご存じかもしれませんが、ドアを開けて観測、認識するまでは、実験室の中の猫は「生きている状態」と「死んでいる状態」の2通りの可能性が同時に在るというのと同じ解釈です。

3. もつれのルール（遠く離れていてもつながっている）

2つの量子が「もつれ」という関係になると、たとえ宇宙の端と端にいても、一方の状態が決まると、もう一方の状態も一瞬で決まります。これは、双子が遠く離れていても、不思議な力で同じ行動を取るようなものです。

この3つのルールが、私たちの日常の感覚とは違う量子の世界をつくっています。

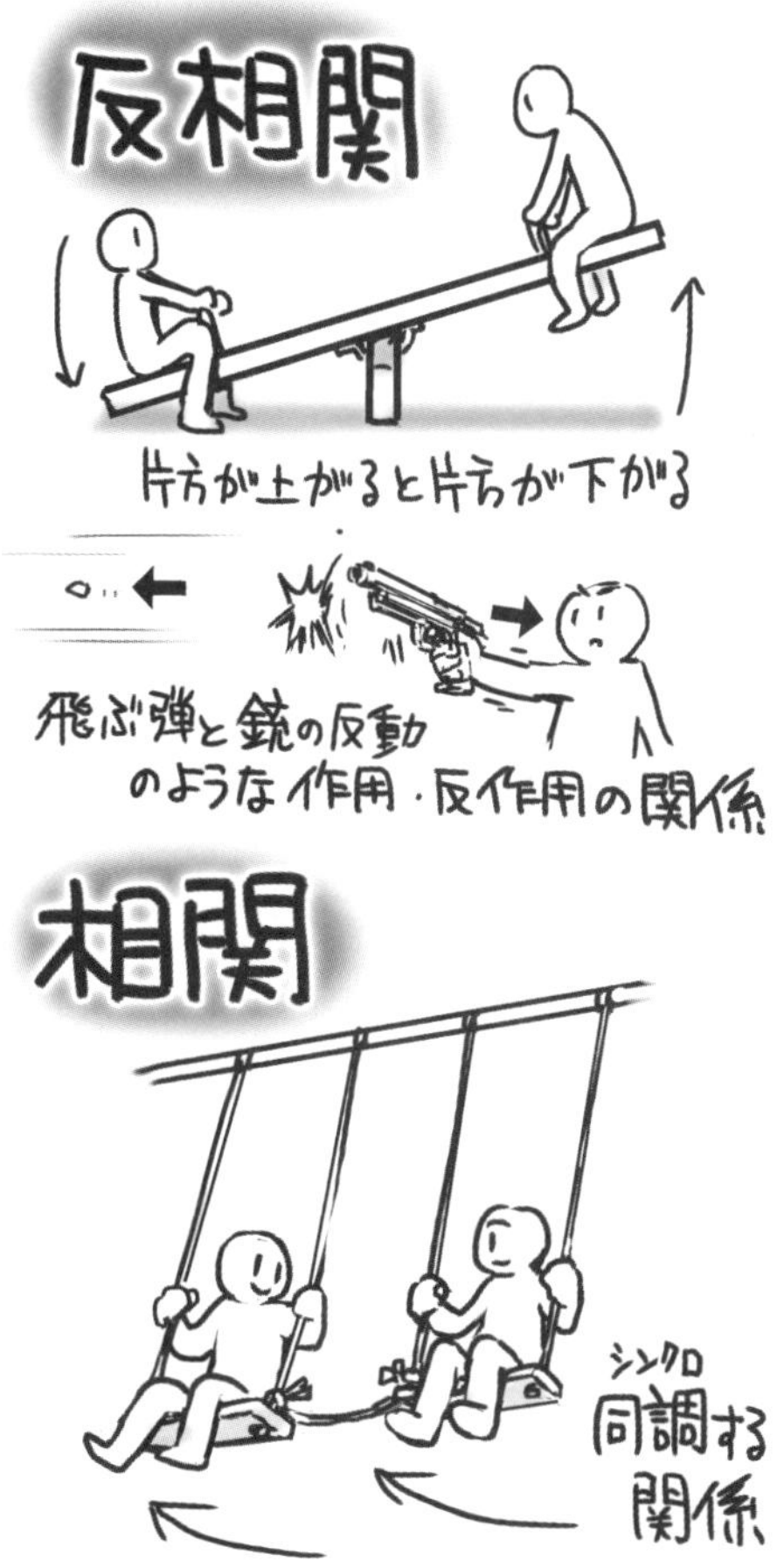

「反転する関係」と「シンクロする関係」

——2つの状態

ペアの量子がもつれの関係にあるとき、双方で「反転する関係」と「シンクロする関係」の両方がありえます。もつれの関係とは「2つの量子がたとえ宇宙の果てほど離れていても、片方の状態を測った瞬間に、もう片方の状態も決まる」という、切っても切れない関係でしたね。

1.反転する関係（逆向きのペア）

2つの電子がもつれ合っている場合、片方の電子が「上向き（↑）」に回転していると、もう片方は「下向き（↓）」の回転になります。このような関係を**反相関**と言います。

例えばライフルを撃つときに弾丸は前方に発射されますが、ライフルを構える肩には後方に強い衝撃を受けます。

このように、1つが前方に動くならもう片方は後方に、そして1つが「上向き（↑）」なら、もう1つは「下向き（↓）」になるのが**シングレット状**

態と言います。

これは、コインを2枚投げて「1枚が表なら、もう1枚は必ず裏」という状態に似ています。それは反相関（逆向き）の関係になります。

2.シンクロする関係（同じ向きのペア）

一方で、もつれた2つの量子がどちらも「上向き（↑）」か「下向き（↓）」になるような場合もあります。これは**相関**と呼ばれます。

この場合、1つが「上向き（↑）」なら、もう1つも「上向き（↑）」と、シンクロする動きを**トリプレット状態**と言います。

これは、コインを2枚投げたら「2枚とも表」または「2枚とも裏」になるような関係です。

量子もつれの関係が**反相関**（逆向き）になるか、**相関**（同じ向き）になるかは、「もつれをつくるときの条件」によって決まります。

まとめ

・シングレット（反相関）

シングレット状態は、まるでシーソーのようなもの。片方が上がるともう片方が下がる。回転の向きは、逆向き（↑↓ or ↓↑）です。

・トリプレット（相関）

トリプレット状態は、ブランコを並んでこぐ子どもたちのようなもの。仲良しの2人のブランコの動きはシンクロしている。回転の向きは、同じ向き（↑↑ or ↓↓）です。

この違いが、量子もつれの性質を決める重要なポイントになります！

量子もつれのことを調べ始めた頃、私は相関（トリプレット）の関係があるということをまだ知りませんでした。もつれの状態にある量子は、必ず反相関すると思っていたのです。ところがシンクロする関係もあるんですね。知識がアップデートされたときは、ちょっと嬉しくなりました。

さて、ここで小難しい量子のことはいったん横に置きまして、シャリコの体験話をさせてください。

人生は
ロールプレイングゲームのような世界

「人生の坂道」を転げ落ちてしまったそのときに私は、「奈落の底に突き落とされた」という気分を味わいました。それでも穴ボコから這《は》い上がろうともがいてみたけれど万策尽きて身動きできない。そこで私は別のパラレル（並行世界）へジャンプできたらいいのにと思いました。

数多《あまた》在るパラレルの自分がいるならば、どこにいるどの自分が本当の自分なんだろう。そもそも自分は誰？

まずこの世で生きるこの肉体の、生まれてから現在までの自分がすべてだと思い込んで何十年と生きていたら、目からウロコの捉え方に出会いました。それは……。

「人生はロールプレイングゲームのような世界」

ゲームをコントロールするプレイヤーがどこか高次の「場《フィールド》」にいて、「まさにこれが自分なのだ」と自我が認識している肉体の自分をゲームの中のキャラクターに例えた捉え方です。これは面白いので私はいったん受け入れました。

その高次の「場」の表現は発信者によりさまざまでした。それらはどうも同じことを意味しているようです。それは、

情報場、宇宙の外壁、ゼロポイントフィールド、アカシックレコード、クラウド、空《くう》、ホーム、愛の領域、創造主、神、魂、生命、源（ソース）、サムシンググレイト、真我《しんが》、大我《たいが》、ハイヤーセルフ、パラレルセルフ、宇宙人、大いなる存在、高次の存在、内なる存在、などなどです。あなたはどの表現がしっくりしますか？

思っていることが起こる

もうひとつ、目からウロコの捉え方がありました。

それは私が身を置く環境で見聞きする現象は、自分の心の状態が映画の

スクリーンに映し出されている様子を客席で観ているようなものだ、という捉え方でした。それは普段、習慣的に心の内側で思っていることが、そのまま外側の環境で起きる出来事なのだと言うのです。

ならば思考する自分が映写機ですか！

て、ことはですよ。人生の〝ま坂〟を転げ落ちた原因は自分が思っていたことが原因なんですか？

「ちょっと、ヤメテよ！　受け入れられません」

なぜ長年かけて築いてきたすべてがなくなるようなストーリーをわざわざつくって、それをスクリーンで観て今私は泣いているのか。これがいわゆる自作自演ということか。

このストーリーが上演されているスクリーンのような外側の環境の景色も高次の場です。

しかしだいぶ月日が経って実感したことですが、本当に自分の内側の心の奥底で思い込んでいることを、外側で起きる現象で見聞きしていました。それは量子もつれの相関の関係性でした。

当時の私の心の中の景色はとてもネガティブな思いにとらわれていました。内側が否定的で深刻なストーリーならば、外側に映る景色も鏡のようにシンクロして相関の関係でトリプレット状態だったというわけです。

観測前は「波」、観測されたら「粒」

量子の世界では、観測者がそれを見たり認識したりするだけで、観測対象が変化してしまう。これは、極めて小さな世界では波動の影響を受けやすいためであり、観測された瞬間に対象が影響を受けることを意味しています。私は、この事実を二重スリット実験の解説動画を通じて知りました。

また、量子には、観測された瞬間に粒子として振る舞う性質と、観測されていないときにはエネルギーの波として存在する性質がありました。つまり、量子は波の状態のときに、観測されることで粒子としての姿を取るのだというのです。

人は極めて小さなもの、軽いもの、希薄なもの、あるいは五感の範囲を超えたものを直接感じることができません。視覚、聴覚、嗅覚、触覚、味覚には認知できる限界があり、それを超えるものは感知できないため、存在しないも同然に思えてしまいます。

これまで私は、五感で確かめられる世界だけが現実だと信じていました。しかし、もしかすると私が認識している世界はごく一部であり、未知の領域のほうがはるかに広大なのではないかと気づきました。

「私が見ていた世界は、あまりにも狭すぎた」

そのことに気づいたとき、まるで自分が道端に転がる小さな石ころのようにちっぽけで無力な存在に感じられたのです。これが私が自分のことを無力な石ころと表現するゆえんです。

量子論では、物質を極限まで分解すると、最小単位は粒子としての量子になります。観測すると量子は粒として現れるが、観測される前は「重ね合わせ」の状態で波のように振る舞っているということでしたね（21ページ）。だんだん覚えてきました。

量子は、極小の紐《ひも》のような形状を持つ波の状態でもあります。すべての物質がそのような性質を持つならば、人の体も細分化すれば同じく「紐」の状態に行き着くでしょう。

こうした極小の単位は、人間の目には見えないけれど空間の至るところに存在しているらしい。そして、観測する前は波の状態にあるけれど、それを認識した瞬間に粒として現れる。これが「波動関数の収縮」（46ページ）と呼ばれる現象です。

極めて微細な世界では、わずかなエネルギーの影響ですら変化を引き起こすことがある。このことを知るにつれ、私は次第に目に見えない世界への興味を深めていきました。そして、五感では認識できない別の可能性、つまり並行世界（パラレルワールド）の概念を受け入れるようになりました。

でもまだ「ただ観測しただけで、なぜ対象が変化するのか？」という疑問はモヤモヤと残っていました。

人から「フォトン」が出ているという話

次にシャリコの違和感の体験をシェアしましょう。それは、「どうしても嫌いな人がいると、その人の側《そば》に寄れないよね。近づかれるとその分、磁石が反発するように遠ざかりたくなるよね」と感じることがしばしばありました。その体感と言いますか、感覚はいったいなんなんだろう？　と思っていたのです。

それはあんなに好きで結婚したのに、結婚してそろそろ20年という頃でした。夫婦間でゴタゴタと小さな揉《も》め事がこじれ始めた頃のことです。

夫が帰宅してリビングに入ってくると、私は、なんだかザワザワとして同じ空間にいられずに、とりつくろうように「おかえりなさい、お茶いれるね」といつもキッチンへ逃げ込んでいたのです。

夫からなにか出ている。その出ているものを不快に感じる。

それは、ナニ？

フォトンでした。人の体は微弱な電気を帯びています。フォトンとは**光**《こう》**子**《し》です。それは素粒子であり量子です。

私は夫から発せられているフォトンが不快なんだ。

ってことは私からも当然フォトンは出ているよね。

ならば夫のフォトンの波と私の波の位相が違うから気持ち悪いんだ。

音楽に長年馴染《なじ》みの深い私は、その異質な波を感じたときに、チューニングの合っていない弦楽器のアンサンブルを聴いたときのような不快感と同じ感覚が夫から発せられていると気づいたのです。

私が発しているフォトンも夫に跳ね返って反転している。それを私は苦痛と感じているんだ。まるで不協和音を聴くような不快感に耐えかねて「お茶入れるね」とキッチンに逃げ込んでいたんだ。

これで、人からなにか出ているゾ、ということを確信しました。

それはナニ？

子どもの頃から音や匂いに対して神経質なほど敏感だった私はそれを波でも感じます。昔、まだオートマチック車ではなく、マニュアル車が走っている頃、我が家は北東の角地に建っていたので、家の東側と北側を徐行しながら車が通り過ぎます。

時折、減速してギアがかみ合わないと、音にならない低い荒い振動がドッドッドッドと起きました。その振動の体感は家の中にいても苦痛で顔が歪《ゆが》むほどでした。このように音の波の周波数を感じるということがあるんだな、という認識です。

「波動関数」をカツカレーで考える

では、またお勉強的なお話に戻りますね。

量子力学に「波動関数」という仕組みがあります。それは「粒子（例えば電子）がどこにいるのか、どんな状態にあるのか」を表すための数学的な道具です。記号ではΨ（プサイ）という文字で表されます。

これじゃまだ波動関数がどんなことかピンときませんね。

例えば、目隠し鬼ごっこをするとしましょうか。

鬼の役になった人がアイマスクなどで目隠しをします。周りにいるお友達は部屋の至るところに散らばっています。目隠し鬼ごっこのルールは、周りにいるお友達が鬼にタッチされたら、タッチされた人が交代して鬼になるというゲームですね。

鬼は目隠しをしているので、なにも見えない真っ暗な部屋にいるのと同じです。お友達がどこにいるのか正確な位置がわかりません。そこで鬼は周りに散らばるお友達の「鬼さんこちら、手のなるほうへ」と歌いながら移動する声をたよりに「たぶんこのあたりにいるんじゃないか？　コッチかな？　それともソッチかな？」と考えながら腕を伸ばして泳ぐように左右にさまよいます。

このときのお友達がいる確率の分布が波動関数です。

波動関数の3つの特徴

波動関数には3つの特徴があります。

1.確率のルール

波動関数とは「その場所に粒子がいる確率」です。例えば、ある場所の波動関数が大きければ、その近くに粒子がいる可能性が高いということです。

2.波の性質を持つ

「波動関数」という名前の通り、波のように振る舞います。例えば、同じ位相の波同士が重なり合って強め合ったり（足し合わさる）、打ち消し合ったり（消える）することがあります。

3.観測すると収束する

鬼はお友達がどこにいるのかわからない間は「たぶんここかな？」とぼんやり考えていますが、目隠しを外した瞬間、「あ、ここにいた！」と正確にわかります。

量子力学でも同じで、測定（観測）する前は粒子の位置ははっきりせずに広がっていますが、測定した瞬間に「ここにいる！」と決まります。これを「**波動関数の収縮**」と言います。

波動関数の3つの特徴を身近な出来事で例えてみると……。

今朝、出勤前に妻は、

「晩ごはんは、あなたの好きなものにするわね」と言ってたなぁ。

僕たち夫婦は深い絆で結ばれていて、遠く離れていても影響し合うほどの関係なのだ（量子もつれ）。僕がツーと言えば妻はカーと応える、ツーカーの仲なんだ（このペアのツーとカーはとてもバランスがいいので、お互いの凹と凸が打ち消し合って静かになり、それは反相関です。まるでケンカもしない「なかよしペア」みたいな関係性）。

僕の好物ならば、今夜は、トンカツか？　カレーライスか？　そのどちらかになるはずだ。そこでまずトンカツかカレーの2つの可能性のパラレルが僕の頭の中に生成されたゾ。

それらは、今のところどっちになるかは、重ね合わせの状態だ（21ページ）。トンカツかもしれないし、カレーかもしれない。あるいはどちらでもないかもしれないし、その両方であるかもしれない。ということは4つの可能性だな。今のところどれとも特定できない。あくまでも僕の精神世界では、可能性の波という状態で漂っている。トンカツとカレーが重ね合わせなのだ。

腹ペコで帰宅したら、すでに夕食の準備は整っていた。そこで出てきたのは、カツカレーだった。僕の世界では物質世界でカツカレーを見たことで、見る前の可能性の状態の波は、観測されたということで、実際に目の前にカツカレーが出現した。可能性の状態だった波はカツカレーという粒に収縮したということなんだな（波動関数の収縮）。

それを言い換えると、カレーとトンカツとカツカレーとそのいずれでもないという4パターンの可能性の波が漂う場がキッチンにあった。そこでそれまで散漫に漂っていた4つの要素同士が同調し始めた。その可能性の波の漂い（波動関数）は、僕の世界では観測した瞬間にカツカレーという現実が現れた。4パターンの可能性の波がキッチンのドアを開けた瞬間に観測されて収縮して粒化した。そのときカレーの波とトンカツの波は重なり合って強め合って足し合わさってカツカレーだったということなんだナ。

それは物質化したことで粒になったという表現でもあり、観測は認識でもあり決定でもあるんだね。

まとめ

波動関数は、「粒子がどこにいるか」を確率的に表す数学的な道具のようなもので、波の性質を持っています。そして、観測すると「ここにいる！」と確定する特徴があります。

例えば真っ暗な部屋に黒猫がいて、どこにいるかわからない状態を考えてみると、あなたは耳をすませて「たぶんこの辺かな？」と予想します。この「黒猫がどこにいる可能性が高いか」を数学的に表したものが波動関数です。

なぜ変化？　観測問題

次に「そもそも観測ってどういうことよ！」という疑問です。

人が観測しただけで、今まで波の状態だった量子状態の素粒子は粒に変わってしまう。それは見るという行為が対象になにかしらの影響を与えているということです。そのなにかしらとは、ナニかしら？　となりまして、それはフォトンだ！　となりました。

人が観測すると、つまり見ただけでフォトンという量子が肉体から醸し出されて対象に影響を与えてしまいます。「場《フィールド》」は、初めはなにも特定できずにただださまざまな要素が可能性の状態で漂っている。それは無限のパラレルが存在するというような状態です。

すべての情報がただ存在するという状態であった場で、肉体から溢れるようにフォトンという波が照射される。そのフォトンはその人なりの性質を持った波です。この場合の性質とは、感情や意図です。その波が対象に影響を与えるということが量子の世界ではどうも当たり前のようです。

場に漂うさまざまな波と肉体からのフォトンの波がマーブル模様のように混ざり合い、性質が同種の波同士は同調して共振共鳴が起きる。このとき波動関数の演算が始まる。

それはしばらくすると収束して粒になる。これが観測している間に起きている現象だと理解しています。

波を観測したから粒になる。

見たから現象化した。

「観測」即「粒」。観測とはフォトンを照射したということです。

「でも、離れてただ観測してるだけで、触ってもいないし、風を起こしているわけでもないし、熱しているわけでもないのになんで変化するの？」

とまだモヤモヤは残ります。

ペアの状態を決めるフォトンの意図

人が発したフォトンには意図が乗ります。なぜなら人は常になにかを思考しているからです。思考とは思って考えることです。人はなぜか、常になにかを思ったり考えたりしてしまう性質の生き物です。意図はフォトンの性質でもありました。

なにかを思考しながら対象をジィっと観ていると、その対象人物は自分が発したフォトンを視線として感じます。

あなたは誰かの視線を感じたことはないでしょうか？

フとした瞬間に「ん？」と気になって視線を向けると、誰かがジィっとこちらを見ていた、という経験です。

その視線の主は、「あの人、○○さんに似てる！　スゴイ、そっくり！」

と驚きながら、ジィっとあなたをガン見していたのかもしれない。

そのとき、見ている人の思いや感情が、あなたになんらかの形で伝わったからこそ、あなたは「ん？」と感じ、無意識に視線を向けたのではないでしょうか。その首の動きやキョロキョロとした視線の動きは、自分の意思ではなく、反射的な反応でした。

視線を送る側は意図的ではなくても、「スゴイ！」という感情が込められたなんらかの情報を発していた可能性があります。

物質の最小単位が紐であるならば、人の脳の最小単位もまた紐の状態であり、脳は微弱な電気信号を通じて情報を伝達しています。紐が振動すると波になり、思考が生まれ、その波が視線を通じて相手に届く。この波が「テレパシー」のようなものなのかもしれません。視線を送る側が存在することで、受け取る側も影響を受けます。

人がフォトンを発した。それは独自の性質を持った量子です。量子の性質を思い出してみましょう。

量子のペアはAかもしれないしBかもしれないという可能性の状態の波です。その発したペアの片方は自分に、もう片方はどこかに漂うならば、双方はどんなに離れようが、どこに位置しようが、片方のスピン（回転）が上と決定した瞬間にどこかで漂うもう片方は下と決定します（反相関）。あるいは相関します。その決定が観測です。

量子もつれを人間関係に例えてみた！

量子もつれの関係は、人間関係に例えると「**お互いに強く結びついていて、どんなに離れていても影響し合う関係**」ということになります。

これが男女の仲ならば、赤い糸で結ばれた関係なのかしら？　女性週刊誌の世界になりそうでワクワクしてきました。いくつかの例を挙げてみましょうか。

▼遠距離恋愛中のカップル

恋人同士が遠く離れていても、片方が「今日はなんだか寂しいな……」と思った瞬間、もう片方もなぜか「急に会いたくなっちゃった♡」と感じる。会えない寂しさがシンクロしています（シンクロするペア、トリプレット、相関）。

これは、量子もつれで「片方の状態が決まると、もう片方も即座に決まる」現象に似ています。恋人同士が「トリプレット状態（同じ向き）」のもつれなら、お互いが同じ気持ちになることが多いでしょう。

▼親子の直感的なつながり

母親が家にいて「なんとなく子どもが元気ない気がする」と思ったら、実際に子どもが学校で落ち込んでいた、ということがありますよね（シンクロするペア、トリプレット、相関）。

量子もつれの「シングレット状態（逆向きのもつれ）」は、一方が「上向き」なら他方は「下向き」になる関係でしたね。親が不安に感じているとき、子どもが逆に「ママ、僕は大丈夫だよ！」と強がる、というようなバランスもこの関係に似ています（反対の動きをするペア、シングレット、反相関）。

▼運命のライバル関係（常に反発し合う）

例えば、スポーツ選手のライバル同士ですと、A選手が絶好調だと、B選手は不調になり、B選手が調子を上げるとA選手が不調になるような関係ってあるでしょうかね。これは、量子もつれの「シングレット状態（反相関）」に似ています。

▼信頼し合う上司と部下

上司と部下が長年一緒に働いていて、言葉にしなくてもお互いの考えがわかるようになる。上司がなにかを決めると、それに合わせて部下も自然に動く。

これは、もつれた量子同士が「片方の状態が決まると、もう片方も即座に決まる」という特徴に似ています。

▼飲食店の店長と店員

最近レジの金額が頻繁に合わない。

「もしかしてP君が……？」店長はアルバイトのP君が怪しいと疑っている。

この時点でP君が盗んだ可能性と盗んでいない可能性の波があたり一面に遍在しています。重ね合わせの状態です。

そこで店長はP君がシフトに入っている日に防犯カメラで監視することにしました。

▼老父が一人散歩で迷子になった

「お父さん、いったいどこまで歩いて行っちゃったの？　心配したわよ」

「いつも歩いている国道沿いの道が今日は工事だったんだよ。だからいつもの散歩路じゃなかったんだよ」と言う老父。

しかし娘が確かめると工事のために準備された補助路は、いつも歩いている国道に沿うようになっていて「こちらですよ」と誘導員さんまで配置されて迷うはずがないようになっていました。

「お父さんは、ボケが始まったんだろうか」と不安に思う娘。

この場合、お父さんはボケたかもしれないし、ボケていないかもしれない、という可能性が重ね合わせの状態です。

▼自社の商品がSNSでバズり大人気

「よし、残業してでも増産するぞ。そうすれば社員にドカンとボーナスを支給できる」と思う社長。

「生産量を増やすと、残業を社員に課すことになるから、増産はしないほうがいい」と思う専務。

どちらも、社員のことを考えてのことです。このとき社長の思いがこもるフォトンと専務のフォトンの性質は違います。社長が増産するぞ!というう上向き(↑)のフォトンの回転ならば、専務のフォトンは下向き(↓)の性質です。

このときの双方は反相関の関係にあります。社長も専務も社員にとって良かれと思ってのことなのですが、起きる結果は真逆なのでことがうまく運びません。

まとめ

量子もつれは、人間関係で言うと「深い絆があり、遠く離れていても影響し合う関係」に例えられます。

・恋人同士（シンクロするカップル）
お互いの気持ちが同じ方向に変化（相関）。

・親子（直観的なつながり）
片方が落ち込んでいると、もう片方も不安になる（相関）。
片方が不安なら、もう片方が強くなる（反相関）。

・ライバル（競い合う関係）
どちらかが上がると、もう片方は下がる（反相関）。

・信頼のある上司と部下
なにも言わなくても意思が通じる（相関）。

このように量子の世界の「見えないつながり」は、私たちの人間関係にも似たものがあると言えます。

日常の出来事や人間関係で数多の量子もつれが発生していることに気づくことができます。であるならば量子もつれとは人間関係の関係性、絡み合いの中でも起きることであり、それを「**縁**」と言い換えることもできるかもしれません。

フラクタル
——宇宙とミクロの世界

▼フラクタルとは？

フラクタルとは、「同じようなパターンが、どんな縮尺でも繰り返される構造」のことです。大きなものと小さなものを比べたとき、形や構造が似ていることが特徴です。

フラクタルの概念を木の枝や野菜でイメージしてみましょう。

・木の枝↓幹から枝が伸び、さらに枝から小枝が伸び、さらにその先に葉脈が……と、同じ形が繰り返されます。

・ブロッコリー↓大きな房が、小さな房の集合体になっており、それぞれが似た形をしています。

▼宇宙から素粒子まで、フラクタルの視点で見てみると

①太陽系（惑星が太陽の周りを回る）

←

②地球（国が集まってできている）

⬅ ③日本（都道府県が集まってできている）

⬅ ④人間の体（いくつもの臓器が集まってできている）

⬅ ⑤臓器（細胞が集まってできている）

⬅ ⑥細胞（分子が集まってできている）

⬅ ⑦分子・原子（小さな粒が規則的に並んでいる）

⬅ ⑧素粒子（原子をつくるさらに小さな粒が、振る舞いの中でパターンを持つ）

このように、どんなスケールで見ても、「小さな構造が集まって、大きな構造をつくる」という仕組みが繰り返されていることがわかります。

▼銀河と原子（フラクタルの例）

・銀河（宇宙の星々）→星が渦を巻いて集まる構造
・原子（物質の最小単位）→電子が原子核の周りを回る構造

銀河と原子の形がなんとなく似ているように、宇宙の大きな構造と、小さな世界の構造がフラクタル的に対応しているとも考えられます。

まとめ

・フラクタルは、「小さな構造が、大きな構造の中で繰り返される」という性質。
・宇宙から素粒子まで、スケールを変えても似たような構造が見られることがある。

高次と私たちの肉体の関係はフラクタルか？

太陽系から素粒子までを段階的に縮尺を小さくして見ていくと、似たような構造が見られました。ならば同様に「ゼロポイントフィールド」「神的な領域」「阿頼耶識《あらやしき》」「ハイヤーセルフ」「現在の自分」との関係性もフラクタルな関係なのでしょうか？

結論から言うと、それらの高次の概念と人間はフラクタルな関係にあると私は捉えています。

フラクタルとは、「小さなものが大きなものと似た構造を持つ」ことでした。もし宇宙全体や神的な領域がフラクタル構造を持つとしたら、私たち人間も、その一部として似た仕組みを持っているはずです。

これを、スピリチュアルな概念と結びつけて考えてみます。

▼フラクタルな視点で見る「人間と高次の意識」

①ゼロポイントフィールド（すべての源）

←

②神的な領域（超越的な知性や創造の意識が存在する空間）

←

③阿頼耶識（個々の経験や思いや感情の情報が蓄積されている深層意識）

←

④ハイヤーセルフ（高次の自己）

←

⑤現在の自分（物理的な人間としての存在）

このように、フラクタルな関係性にあると私は捉えています。

▼それぞれのフラクタル的な役割

・ゼロポイントフィールド↓すべてのエネルギーの源、宇宙の設計図のようなもの。

・神的な領域→生命や宇宙の意識の根源的な部分。
・阿頼耶識（仏教的な概念）→すべての魂がつながる「無意識の貯蔵庫」。過去・現在・未来の情報が蓄えられている。
・ハイヤーセルフ→個々の魂の高次元の存在。今の自分を導く役割を持つ。
・現在の自分→物質世界での経験を通じて、フラクタルの一部として進化、成長する存在。

▼自然界のフラクタルと意識のフラクタルの共通点

・木の枝や銀河の渦巻きのように、大きな構造が小さな構造に似ているように、宇宙意識と個人の意識も似た構造を持つ。
・「個人の意識」も「宇宙の意識」の一部として働き、全体とつながっている。
・私たちは物理的には「個」だけれど、意識のレベルではすべての存在とリンクしている可能性がある。
と言っていいでしょう。

したがって宇宙の構造がフラクタルなら、人間の意識や魂もフラクタルの一部として存在し、「大いなるもの（神、宇宙）」と「個人の意識」は似たパターンを持つ関係だと言えます。

仏教の「一即多、多即一（ひとつがすべてであり、すべてがひとつである）」という考え方や、スピリチュアルな「私たちは宇宙の一部であり、宇宙そのものでもある」という考え方とも一致しますね。「自分の中に神がいる」という表現も当てはまるということです。

つまり、私たちは「神的なもの」や「宇宙の意識」を内包しているフラクタルな存在なのかもしれません！

対《つい》でペアで二元で陰陽

この世のすべてのことには、例えて言うならば陰と陽の両極の側面がありました。人は比較でしか物事を認識できないようになっています。人の脳はそれ単体では認識できないようになっていました。被害者がいれば必ず加害者がいる。原因があったから結果が起きた。善人もいれば悪人もいる。他者がいるからこそ自分を自分だと認識できるのです。

パーっと明るい光の中でロウソクのたよりない灯《あか》りはわかりにくい。真っ暗闇の中で灯《とも》すからこそ、人の目はロウソクの炎を明るい光として認識できるのです。

真夏の正午の炎天下、道に迷ってグーグルマップを見るスマホの画面は周りが明るすぎるので見えにくいけれど、同じスマホの画面は停電した屋内の、鼻をつままれてもわからないほどの真っ暗闇の中では懐中電灯代わりになりました。

解放感を味わいたいなら束縛されるような状態、安心したいなら不安になるような出来事、信頼の意味を知りたいなら騙《だま》される体験を通して認識して理解します。

このように**人の認識は対《つい》です。ペアです。二元です。**それは陰と陽、男と女、観察者と対象、↑と↓、などです。人は対象をその対比《ギャップ》で理解し、認識します。

ですからプラスだけマイナスだけなど片方だけはありえない。陰があるからこそ陽であり、正は見方を変えれば誤であり、それは悪であり善でもあり、骨の髄まで邪悪な悪人がいるからこそ、どこまでも透き通るように清らかで天使のような善人の魅力は際立ちます。

胡散くさいままだけど、いったん「まとめ」

ここまでのところを、いったんまとめてみましょう。

- 高次の「場《フィールド》」は量子状態で波動関数です。
- 量子状態とは観測するまでは波の状態で、可能性、確率の「場」。
- 陰でもなく陽でもなく、はたまた陽でもあり陰でもある。それは上でもあり下でもあり、あるいはどちらでもない「場」。
- 観測するまでは確定せずにあたり一面に遍在して重ね合わせの状態。
- どこともなにとも特定できないけれどすべて在る「場」。
- 善悪二元論ではなく比較も判断もない「場」。
- すべて肯定。なぜならすべて在るから。
- 「場」の様子を観測した瞬間にそこに漂っていた波は粒になる。
- 曖昧な関係性の中でひとたび観測、認識された瞬間に遍在した状態は収束し、波動関数は収縮する。
- それは般若心経の「色即是空、空即是色」かもしれない。

空《くう》とは波の重ね合わせで量子状態の「場」を意味する。

色《しき》とは物質で粒のこと。物質を観測していないときは波で空であり観測した瞬間に波は粒になり、それが色である。であるならば「粒即是波、波即是粒」と言ってしまえるかもしれない。

・高次のハイヤーセルフは量子状態で波であり空であり。4次元時空間に在る肉体は物質で粒であり色である。

Ⅱ

もつれを
ほどく方法

人生ゲームの仮設定と本登録

大我《たいが》、真我《しんが》から観たらフラクタルでもあるミニチュア版の自分である小我《しょうが》は、母親の胎内から生まれて人生をスタートしました。成長するに従って、周囲の人々との関わりの中で、食事、睡眠、排泄の仕方を学び、さらには他者とのつき合い方や社会での生き方を身につけていきます。五感を総動員してスポンジのように吸収し、まるでルールブックに記録するかのように、それらを無意識に習得し、自分の中に蓄積していくのです。

その情報源は多くの場合、自分よりも先に生まれた人たちでした。それは、親、兄や姉、祖父母、親戚、学校の先生たちでした。子どもの自分は初めて見聞きしたことや教えられて知ったことを疑うことなく「そういうことなのだ」と鵜呑《うの》みにします。

このように私たちは初めて知った情報を本当で本物だと信じてしまうク

セがあります。

そのクセは大人になっても続き、さらには権威のある人、政治家、マスコミ、目上の人、実績のある人、キラキラの人など自分より優れている人だと思い込んでしまった人の言うことを鵜呑みにして信じます。

なぜなら子どもの頃からのクセで、教えてくれる人はみな自分より優れた目上の立場の人たちだったからです。

テレビで言っていたから本当だ。国の方針だから従うべきだ。○○教授が言ったことは信じ、どこの馬の骨かもわからないシャリコの言うことは信じません。

仮設定の自分ができるまで

これまで身につけてきたさまざまな、常識や固定観念や信念のひとつずつは社会を生き抜くための武器であり道具（ツール）です。何十年も生きてくると、頭はその道具箱と化し、今はもう使わなくなったツールがドッサりとたまっています。このツールが自我の構成要素でもあります。

自我を定義する構成要素が増えるほど「ワタシはこうである」という四角四面の自分ができあがってきて、情報場である神的領域の「場《フィールド》」からどんどん分離します。

場は、すべての要素が可能性という波の状態で遍在する量子状態の場であるのに対して、自我の構成要素は限定、制限、偏見、ルールなどの自分が正しいと思い込んだ信念でできあがっているのならば、それは量子状態ではないことを意味します。

その場合、自分という一人の個は、全体の源、情報場、神的領域などと表現される高次領域の場とは異質です。異質な要素の波同士は、そもそも同調できません。この状態をスピリチュアル界隈では分離していると表現します。

分離状態の自分は無意識にではありながら、自ら入力したルールブックと異なる出来事が起こると、心が乱れ、葛藤を覚えることがありました。一方で、ルールに沿った行動を取ると安心感や幸福感を得られると感じてきました。こうして、自分自身を社会の枠組みに適応させようと努力し、不足を補うことで「正しい人間」に近づこうと生きてきたのです。

このように、自分という存在は他者との関係性の中で形づくられ、摩擦を生まないように設計されてきました。しかし、それをよく考えてみると、本来の自分とは異なる「仮設定の自分」が形成されていたことに気づきます。

「レット・イット・ゴー～ありのままで～」を歌ってみても、その「自分」は他者の価値観によってつくり上げられたものだったのです。南国のビーチでカクテルを楽しむ夢さえも、他者の影響を受けた仮の願望だったかもしれません。

いよいよ本登録

この仮設定の自分で生きていると、どこか息苦しさや閉塞感を感じることがあります。仮設定の自分が手に入れた成功も、本当の充実感をもたらすものではなく、際限のないさらなる欲求を生み出してしまうのです。どれだけ満たされようとしても、本来の自分ではない以上、満足を得ることはできません。なぜなら**本登録**の自分じゃなくて**仮設定**なんですから。

その仮設定の自分で生きることが幸せで満足なら、それで生きればいいのですが、多くの場合そうはいかないようです。

まず幼少期から青年期に培ったツールのようなスキルや知識、習慣はこの世に生まれて生きていくための仮に設定したアプリでした。まだピヨピヨのうちは自分の好みや特性はわからないので、とりあえずコレでも使ってみてね的なツールが仮設定のアプリです。

ですから、本当は大人になったら、自分仕様に設定し直すという作業が必要なのでした。それが自分の人生ゲームに本登録するということです。

今までは、周りの人たちや環境に育てていただいたけれど、大人になってからは、自分で自分を育て直すという発想を持つ。そしてその作業が進み、本来の自分らしい自分ができあがってくる。それがいよいよ自分の人生に本登録した自分です。

その本登録の自分でこれから先の人生を生きるのです。自分の人生に本登録した自分とは真我の姿です。真我とは高次の場の存在でもあります。言い換えるとハイヤーセルフとつながった状態であり、阿頼耶識《あらやしき》に保存されている情報を閲覧するためのアクセス権を得たということでもあります。

そんなことを知らなかった私はアチコチぶつかりまくりながら、「我慢しなければいけないアプリ」と「真面目アプリ」を使い続けて苦しみました。不要なアプリをアンインストールする作業が本登録の自分になるということでもあるんですね。

避けて通れない思考の修正

このように私たちはさまざまな経験を通じて、他者との対立を避けるために自分の意見を控えるなど、「思考のクセ」を身につけてきました。そして、自分に不足があると感じ、それを埋めるための行動を続けてきたのです。しかしこうしたクセに気づいた人は、次に「ルールブックの修正」に取り組むことになります。

例えば、整体院で体の歪みを調整しても、普段の姿勢のクセを意識して直さなければ、すぐに元の状態に戻ってしまいます。それと同じように、根本的な思考のエラーを修正することが重要なのです。やっぱりクサイ臭

い は元から絶たないとダメなのです。

この修正作業を進めることで、「本登録の自分」を見つけることができます。そして、初めて自分自身の人生を主体的に能動的に歩み始めることができるのです。

「本当はどうしたかったのか?」

「本当はなんと言いたかったのか?」

「なぜ、それができなかったのか?」

こうした問いを通じて、自分自身と向き合う作業を行います。これを「内観」と言い、自分と対話する時間を持つことが重要です。その際、過去の自分を責めることなく、ただ客観的に受け止めることが大切です。

そうすることで、「自分はどうありたいのか」という軸が見えてきます。

そして、その新しい自分で生き始めたとき、人生の本当の醍醐味《だいごみ》を味わうことができるのです。実は、人生の後半こそがもっとも面白い時期なのかもしれません。しかし、多くの人が「もう若くない」とあきらめてしまうのは、あまりにももったいないことです。

ルールブックの修正作業は簡単なことではありません。なぜなら、自分が完璧な存在ではなく、失敗や過ちを重ねてきたことを自分自身がもっともよく知っているからです。

私たちは多くの失敗をし、他者を傷つけ、迷惑をかけ、時には誤った道を進んできました。それらの出来事を振り返るとき、過去の自分を裁いてしまいがちです。しかし、過去の自分がそうした行動を取ったのには、それなりの理由があったのです。

だからこそ、自分自身と向き合うことに躊躇《ちゅうちょ》してしまうのです。しかし、本当の自分を見つけるためには、このプロセスを避けて通ることはできません。自分自身の歴史を受け入れ、そこから新しい道を見出すことこそが、本当の意味での「自分らしい生き方」につながるのではないでしょうか。

思考停止人間

昭和生まれの人たちは仮設定のアプリを実行期間中に、従順な国民に仕立てられました。それは小学校から徹底的に軍隊方式で鍛えられます。それは教育という名の調教です。

「前へならえ！　気をつけ！　休め！」と。
そしてみんなと仲良くしなければイケナイ。
みんなと同じ行動をすること。そして列を乱してはイケナイ。
列に並んで自分の順番が来るまで静かに待ちましょう。
学校の授業は静かに先生の話すことを聞かなければイケナイ。
親や先生の言うことは正しい。
だから言われる通りに行動しなければイケナイ。
先生の教えに背くことは悪いことだ。
みんなと同じ行動から外れたり、みんなと違う意見を言った途端に変人

扱いされて笑われます。だから先生や周りの大人に、

「これをしていいですか？　これで合っていますか？」

とお伺いを立ててからビクビク行動するようになってきます。

その調教は行動だけでなく、好みや価値観までも教え込まれます。こうして善悪二元論を基準として生きる目上の人間に従順な思考停止人間ができあがりました。

ちなみに、調教期間中の子どもの中には、その教育に適応できない子がいて、本来の隠れたピュアな自分が悲鳴をあげます。その様子を見た大人たちからは、適応障害だとか、発達障害だとかレッテルを貼られ不良品扱いされます。

「みんなと同じに行動する」のいろいろ

大人になっても仮設定アプリを発動させたままで、カスタマイズ作業を

しないで生きていると、さらに人生は苦しみを増します。なぜなら本来の自分にふさわしい快適さの基準を知らないままだからです。

かろうじて不良品ではない思考停止人間の習性は、周りの意見になんとなく流されていきます。すると、誰かが言っている幸せのビジョンがあたかも自分のゴールだと思ってしまいます。

テレビで言っていたから、政治家が言っていたから、有名人がやっていたから、新聞や雑誌に書いてあったからなどなど、それが正しいこととして、それらの情報を鵜呑みにして脳内に入力して自分の人生に採用してしまったことを前項でも書きました。

これは健康にイイよ。老化を遅らせるよ。一家に一台あると便利だよ。美味しいよ。楽しいよ。気持ちいいよ。カッコイイよ。などなど。言い換えると私たちは、欲しがらされてまんまとマーケティングに踊らされていたのです。

促されるままに、

「ホイホイと誘導に乗ってしまっていたナ。テヘヘ」

とまずは気づくことから始まります。


いかに、今まで**思考停止**していたか！

それは私たちが悪いのではありません。子どもの頃からみんなと同じに行動することが正しいことです、と教育、調教されてきてしまったから、思考停止人間になってしまったということなんだナと気づいていただければ十分です。この苦しみの原因がわかったら、ずいぶんと気分はラクチンになってきます。


さてとこれで、たぶん多くの人が思考停止人間だよね、ということがわかりました。

コンフォートゾーン
――目に見えない安全地帯

コンフォートゾーンとは、私たちが安心して過ごせる領域のことです。人は本能的に安全な場所を求めるため、慣れ親しんだ環境に留まりがちです。これは、外敵から身を守るために巣穴に隠れる小動物の行動にも似ています。

人間の体は鋭い牙や爪を持たず、皮膚も繊細で、防御力が高いとは言えません。そのため、無意識のうちに危険を避け、安心できる空間に身を置こうとするのです。

しかし、生きていくためには、新しい経験を積み重ねることが必要です。コンフォートゾーンに留まり続ける人は、思考が停止しがちです。この目に見えない安全地帯は、個々の思い込みや価値観によってつくられています。その中にいる人は、幼い頃から周囲の影響を強く受け、自分の価値観を持つ機会が少なかった可能性があります。

コンフォートゾーンへと導くのは「自我」です。
自我は、私たちの体を守る役割を持ち、変化を嫌います。なぜなら、人間にはホメオスタシス（恒常性）が働き、環境の変化に対して警戒心を抱くからです。新しいものに出会うと、自我は「怪しいのでは？」と疑い、「危険かもしれない」と警戒し、「近づかないほうがいい」と、元の環境へ引き戻そうとします。

まず、常識を疑ってみる

コンフォートゾーンにいる間は、思考が固定化され、限定や偏見に制限されて本当に自分が望んでいる未来を見失いやすい。しかし、あるときふと「実は自分が本当に欲しい現実ってこの壁の外にあるのかも？」と疑問を抱く瞬間が訪れるかもしれません。

外の世界を知りたいと思ったとき、最初にすべきことは「自分が正しいと信じていること、常識、価値観を疑ってみる」ことです。なぜなら、これらは過去の経験や周囲の影響によって形成されたものであり、自分自身の純粋な願いとは異なる可能性があるからです。

今、自分が望んでいることは、本当に心の底から求めているものなのか？

思考が固定化されていると、その願いを叶えるために努力しても、なかなか前進できないことがあります。その結果、さらに努力を重ねようとし、コーチングを受けたり、試行錯誤を繰り返したりすることもあったでしょう。しかし、それが本当に必要な努力なのか、一度立ち止まって考えることも大切です。

疑問を持ったら次にすべきことは、今までの思い込みや価値観を見直し、必要に応じて修正することです。これは、自分に合った新しい考え方を取り入れる作業とも言えます。

ここに気づいた人がさらに進むべき道は、「情報場の仕組みを知ること」です。

それは、陰陽のバランスが取れた状態や、あらゆる可能性が存在する「空《くう》」の概念を理解することにも通じます。

この考え方が自分の基盤として定着すれば、自然と流れに乗ることができるようになり、自分にとって最適な道へと導かれるでしょう。そして、その流れに身を任せることが、直感やひらめきを活かす生き方につながるのです。

変性意識と無限の可能性

私は、瞑想が思考停止人間である自分に有効であることを知りました。

瞑想にはさまざまな方法がありますが、大切なのは「瞑想状態」に入ることです。この状態とは、脳が通常とは異なる意識状態に入ることを意味します。これはきっと、普段の活動時とは異なる脳波の状態なのでしょう。リラックスと集中が同時に起こるような半覚醒の状態と言えます。なんだか重ね合わせの状態みたいですね。

どの瞑想法を試しても、最終的には同じ境地に至るのではないかと考えます。それが「瞑想状態」「変性意識」「量子的な意識」「半覚醒状態」、そして「空《くう》」というような状態です。この状態に達するためには、継続的な実践が不可欠です。一度や二度の瞑想で完結するものではありませんでした。

また、瞑想状態に似た感覚を、私の場合はピアノを弾いているときや泳いでいるとき、絵を描くとき、森や林の中を歩いているときにも味わうことがあります。これらに共通するのは、動作に没頭し、時間の感覚が薄れることです。

瞑想状態の感覚あれこれ

深い集中の中で、心が満たされ、浮遊感や没入感、多幸感を覚えることがあります。この状態では、リラックスしながらも高い集中力を維持しています。

時折、不思議な感覚に襲われることもあります。まるで異次元への扉が開くような感覚とともに、「ああ、そういうことか」と、なにかを直感的に理解する瞬間が訪れることがあるのです。

また、前頭葉の奥にあるような「脳内スクリーン」や右の側頭葉の後ろのあたりに、インスピレーションやアイデアが浮かぶこともしばしばです。このとき、私はなにかしらの行動をしているはずなのに、意識はまるで明《めい》晰《せき》夢を見ているような感覚になります。

この状態は、いわゆる「フロー状態」や「ランナーズハイ」に近いのかもしれません。もし瞑想に対して苦手意識がある場合は、スポーツやダンス、楽器演奏、芸術活動、趣味、創作、仕事に没頭することで同様の体験を得ることができるのではないかと思います。

さらに、一心不乱にお題目を唱える宗教的な修行や、南米の先住民族が儀式に用いる薬草茶などを通じて得られる特殊な意識状態も、ある種の集中状態をもたらすものと考えられます。

また、特定の周波数を含む音楽や、海や森の自然音を聴くことで、これらの体験がより深まることを実感しました。そのような状態のとき、人は快感を覚えることが多く、スピリチュアルの世界ではこれを「ワクワク」と表現することもあるようです。

では、瞑想状態に入ることの利点とはなんでしょうか。

現実がシンクロとして現れる

瞑想によって意識の中に「空間」を生み出すことができます。その空間には無限の可能性が存在し、まるで量子的な「場《フィールド》」のような性質を持っています。そこでは、あらゆる情報が重なり合い、多様な可能性が共存しているのです。

私たち自身の意識と、この「場」は深くつながっています。この関係性を、陰と陽に例えることもできるでしょう。「場」が陽ならば、肉体を持つ自分は陰の側面を担います。しかし、この「場」は陰でもあり陽でもある、つまりすべてを内包した状態なのです。それが「無」ではなく、あらゆる可能性を持つ「空《くう》」なのです。

この「場」と私たちの脳波が共鳴すると、意識が特定の周波数と同調し、新たな現実が形を成していきます。そして、その情報がシンクロニシティ（意味のある偶然の一致）として私たちの現実に反映されるのです。これは「引き寄せの法則」や「思考が現実化する」という概念の根源なのかもしれません。

祈りは瞑想

自分には価値がない
ちゃんとしなければイケナイ
幸せになる資格がない
あいつが悪い
もっと認められたい
脳内裁判だね

人生の中で、私は何度も自分自身や大切な人のために祈りたくなる瞬間に直面してきました。それは切実な願いであり、どうしても叶えたいと強く願うものです。しかし、そうした場面で心が乱れ、祈りに集中できないことがありました。

スピリチュアルの世界では、「祈りを効果的に行うためには、深い静寂の状態に入ることが大切だ」と言われます。そのために役立つのが瞑想です。

これは、神社で手をパンパンと打って願うという行為とは異なり、意識を深い瞑想状態へと導くものです。人生をより良い方向へと変える祈りを捧げるためには、脳波を安定させ、変性意識の状態を保つことが重要だとされています。つまり、祈りと瞑想は深く結びついているのです。

日本語には「祈り」を「意宣《いのり》」と捉える考え方があります。これは、自分の「意」を明確に宣言することを意味します。そして、宣言する対象は「場《フィールド》」です。

祈りとは、思いや願い、意図を「場」に向けて発信し、送り届けることなのです。この発せられた波動は「場」に届き、共鳴するエネルギーと結びつくことで、自分の意識の中に新たな気づきをもたらします。その結果、「なるほど」と理解したり、「そうか」と納得したりする瞬間が訪れるのです。

効果的な祈りのためには、まず脳波を落ち着かせ、深い静寂の状態をつくることが必要です。普段、私たちの脳は活発に動いており、日常の雑念で満たされています。それを静めるためには、リラックスして心身の力みを取り、集中することが求められます。

しかし、私自身、強い感情にとらわれ、なかなか静寂に入ることができませんでした。

強い感情とは、目の前の問題による不安や具体的な悩み、過去の出来事に対する怒りや悲しみ、心の傷、トラウマなどです。これらが心を占めていると、頭の中が雑念でいっぱいになり、瞑想や祈りに集中することが難しくなります。

◯自己探求のプロセス「内観」◯

意図を明確に発信するためには、まず自分自身と向き合うことが大切です。自分の内側に問いかけ、本来の自分を知ることが必要不可欠なのです。もし誤った情報のまま祈りを捧げても、現状は変わりません。だからこそ、心の整理を行い、自分の内面を見つめ直すことが重要なのです。

この自己探求のプロセスを「内観」と言います。内観を行うことで、過去の思い込みや固定観念を手放し、本来の自分へと戻ることができます。これは、潜在意識の情報を書き換えることと同じ意味を持ち、結果としてエネルギーの質も向上していくのです。

内観を続けることで、次第に心の癒しが起こります。これまでの自分は、無意識のうちに本来の自分とは異なる生き方をしていたため、葛藤が生じていました。しかし、内観によって本来の自分を思い出すことで、不要な雑念や外部からの影響を手放すことができるようになります。すると、自然と進むべき方向が見えてくるのです。

瞑想を妨げる脳内おしゃべりを静める

内観の深掘りには瞑想が有効です。瞑想状態に入ることで、意識の中にある葛藤を解消し、新たな気づきを得ることができます。過去と現在の自分を結びつけていた不要な思考パターンの発動をオフにすることで、心が軽くなり、より良い流れが生まれます。

自分と向き合うことは、これまでの人生を振り返る作業でもあります。まるで、人生の終わりに走馬灯のように思い出す場面を、今この瞬間に体験するような感覚です。これは奇跡のような体験でもあります。

自己探求を進めた上で、瞑想によって意識を「場」に同調させると、自分の発したエネルギーが共鳴し、現実へと反映されます。

私が最初に瞑想を始めたとき、じっとしていることができず、数分で集中が途切れてしまいました。その理由は、強い感情による雑念に妨げられていたからです。

瞑想を妨げる要因のひとつは、「脳内の雑談」や「過去の出来事の反芻《はんすう》」です。大抵、その内容は楽しいものではなく、過去の後悔や未来への不安が頭をよぎります。そして、それらが気になり、落ち着かなくなってしまうのです。

時には、この脳内のおしゃべりが自己批判へと発展することもあります。理想の自分が、現実の自分を責め続ける「脳内裁判」のような状態です。そのため、多くの人は無意識のうちに自分と向き合うことを避けてしまうのです。なぜなら、それは時として苦痛を伴う作業だからです。しかし、この思考の騒がしさを静めることこそ、瞑想や祈りの第一歩なのです。

不要な仮設定のアプリ

不要な仮設定のアプリとは、シャリコ風な表現であって、それを言い換えると思い込みや意味づけ、自分が信じる善悪や好みの価値観や常識やルールなどでした。また過去のトラウマになるほどの体験の記憶もそうですね。

それらのアプリが発動することによってわき上がる感情は、ネガティブなものは不愉快なので、これはいらないナとわかりやすいのですが、ポジティブな感情がわき上がるアプリも場合によっては「自分責め」の原因の根っこに相当するなんてこともしばしばです。

それは、ポジティブな状態や自分が理想とする状態になれなかったときに、できなかった自分を責めてしまうということもあるからです。

また、楽しくなければつまらないとかダメだとか、ポジティブな感情がわいてこないということは自分にとってふさわしくないことなのだと早合点してしまうということも起こりえるからです。

大人たちからの洗脳

では、それらの不要な仮設定のアプリは、どのようにして自分に染みついてきたのかと言いますと、それが自分の幼少期に親や周りの大人たちや先輩たちからの刷り込みでした。

まだヨチヨチの幼児は、これから地球で生きていくわけだけれども、そこで我が子や後輩が社会でウマク立ち回れるようにという思いで周りの大人たちは地球ルールの教えを親心で教え込みます。

それらはとりあえず試しにこれで生きてみてごらん、という仮の決まり事程度のものなのでしたね。しかし私たちはそれらがあたかも絶対的に正しいことで、その通りに行わないとイケナイとか、人生の道を踏み外すヨとか、バチが当たるとか脅されながら身につけてしまいました。

そこまでの理由がわかると、ならば今の大人になった自分が感じる生きづらさは、インナーチャイルドのせいなのだと断定して、そこで「インナーチャイルドを癒やす」という有料のプログラムを実際に受けたり、セルフワークをしてみる人も多いでしょう。

インナーチャイルドとは、子どもの頃に受けた心の傷など辛い感情が大人になった今でも心の底に残っている部分のことです。それは現在の大人になった自分の行動に無意識に制限をかけてしまう原因になっている場合があります。また、幼少期の傷ついた記憶だけでなく「本当はあのときこうしたかった、こう言いたかった」という当時の純粋な思いが悲しい余韻として心に残っている場合もあります。

またそのインナーチャイルドという幼少期の満たされなかった思いを抱え続けた自分になってしまったのは、親のせいなのだ！　という思いに至って、次に親を「毒親」という表現で悪人のように責める思いがわき上がってしまう場合もあるようです。

さまざまな家庭環境がありますから、本当にそのような場合もあるでしょうが、ただ必要以上にインナーチャイルドに固執すると、そもそもの目的から遠ざかってしまうことにもなりかねません。

これについては、自分を調教するように洗脳した周りの大人たちにも、当然幼少期時代がありました。彼らももれなく、当時の周りの大人たちに刷り込まれた観念や概念の類を疑うことなく信念として根底に持っていた結果の今です。そこで彼らも今苦しむ自分と実は同じなのだと、事情を理解すると、彼らを悪人のように責めていた自分の心に、同情のような許しのような思いが数ミリでもわき上がってくるのがわかります。

いかがでしょうか？

もしかして、他にやることがあるのかも

また少年期に受けたイジメなどの辛い体験や青年期の失恋体験、歪んだ性の体験の記憶が今の自分の苦しみの原因である場合も多くあります。

そこで自らの心の内側をさぐるように内観をしたり、セラピストの力を借りたりして、原因がわかったような気がしてきます。しかしそのままヒーリングを続けても、なぜかしばらくするとキツイ体験の記憶がフラッシュバックしてしまうことも多くありました。

私たちは、「幸せになりたい」という思いを成就するために、自己啓発やスピリチュアル、心理学や哲学、脳科学や量子力学などなどあらゆる探究をしてきました。

そこで今の不足や不愉快の原因を、インナーチャイルドかもしれない、親や生育環境のせいだったかもしれない、トラウマのような過去の記憶か

もしれないと考え、それらを解消したいという思いであなたなりにいろいろとアプローチしてきたと思います。それで気分は晴れ晴れとしてハッピーならば、そもそも今あなたは本書を読んでいないでしょう。

て、ことはですよ、もしかして他にやることがあるのかも。

それってナニ？

はい、それが「感じるということの練習」です。

苦痛に麻痺してしまった！

私たちは、今に至るまでに仮設定のアプリを発動させ、多くの我慢をしてきました。我慢を続けるとだんだん我慢をしているその苦痛に慣れてしまいます。初めのうちに感じた痛みは、かゆいくらいにしか感じられなくなって麻痺《まひ》していきます。

でも根本原因は解消されていないのですから、相変わらず起きることは起き続け、かゆいくらいの違和感は当たり前に起きる日常的なことになってしまいます。それは麻痺しているのですから、感じないということです。

そこで「感じるということの練習」をして感じていない、その麻痺をかゆみくらいに戻してみると「えー、そういうこと？」とナニカに気づき、さらに根っこの痛みの質を知っていきます。

それが不要な仮設定のアプリのあぶり出しです。そして次にアプリのプログラムの設定をオフにするか、最適化して上書き保存です。

「この痛みの質を知るとは、もしかして過去の痛みの記憶を蒸し返して再現することなのか？」

と、少々ビビるところではありますが、それはイタ気持ちイイ痛みです。ストレッチをしたり、ツボを押されたときの「効くー」という感覚、あるいはかゆいところをガシガシ掻くときのイタ気持ちよさの程度です。
なぜなら、長年ため込んだワケのわからない、原因がめくれるようにわかってくるのですからまさにそれは痛快です。痛快とは痛くて快いと書きますよね。

ここで軽く余計なおせっかいな的な忠告を入れておきますと、自我は変化を嫌い、そこでホメオスタシスも発動します。自我は新しい変化を予感すると、なぜかやるべきタスクを先送りします。面倒くさくてちょっとの手間のかかることは、「試しにやってごらんヨ」というサインと覚えておくといいかもしれません。

幸せになりたければ、自分をよく知りなさい

「幸せになりたい」という思いを成就するならば、自分の特性を知って自分の基準を知る。それは自分のクセや好みを知ることでもあります。

そもそも人は、自分の好ましい物、事、人を選びます。人は本来自分が行きたい方向にしか行けないのです。それは水が低きに流れるように、メダカが水流に逆らって泳ぐ習性があるように、人は自分の決めた好ましい事柄に向かって進むようにできています。

そこで、

自分の基準で考えて、
自分の基準で選んで、
それをヤルゾと決定して行動する。

それは言い換えると自分の特性を活かして生きるということです。

自分の特性を知らぬまま、他者目線、他者に刷り込まれた基準で捉えて、他者の意見を採用して生きるということは、他者の人生を生きるようなものので、自分らしさはどこにもなく不幸なことなのだということを知ってほしい。

だからこそ自分の特性や基準を知るために、感じるということの練習をします。五感や第六感をフル稼働させて感じきる。

こんなときの自分はこんな感情がわいて、同時に体は反射的にこんな反応が起きるのかぁ、と知るのです。

不愉快を探ることから始めよう 不要なアプリの見つけ方①

心に葛藤が起きたとき、感情がネガティブになびいたときが、内観するタイミングです。

この不愉快な感情になるということは、今遭遇した不愉快な出来事に感じることの裏側に、まさに不要なアプリがあるからです。

例えば……。

「さっき、なんでボクは彼女の言葉で気分が沈んだんだろう」

「別に不愉快なことを言われたわけでもないのに、一瞬ムカッとしたよね」

すると心にどこからともなくナニカの存在が答えます。

「なんか声の調子に固くて冷たいような、尖《とが》っているような気がしたんだよね」

うーん、こんな具体的に出てこないかもしれない。ただ、

「だって、ムカついたんだもん」

と、ボソっとつぶやくかもしれない。

「そっかぁ、別に彼女はボクに意地悪なことを言ったわけでもないのに、そんなふうに感じちゃったんだね」

「うん」

そのとき脳内スクリーンに過去の出来事のワンシーンがポッと浮かんでくることがあります。

それは、自分がまだ子どもの頃のシーンで、母親とのなにげない会話かもしれません。

「お母さんのそっけない声の感じが、なんだかイヤだったんだ」

当時、仕事と子育てを両立しなければいけない母親はいつも疲れていました。我が子とにこやかに対話するなんて時間をなかなか持てずに、いつも気ぜわしく動いていたんです。いつもさみしい思いをしていたことを、彼女のそっけない物言いで思い出されたワンシーンです。

そこで当時のチビチビの自分は、
もっとお母さんとお話をしたかったんだ。

いつも自分はさみしかったんだなぁ。

お母さんの口をへの字に曲げたような不機嫌な顔がイヤだったんだ。

でもそのときのボクはお母さんになにをどうしてあげればいいのかもわからなくて困っちゃったんだ。

だから黙って見ているしかなかったんだ。

自分は女性のそっけない態度や声が嫌いなんだなぁ。その様子を見聞きすると、気持ちが落ちるんだなぁ。

と感じることができました。


まあ例えばこのように知ったところでやっと、自分が本当に好きなこと、嫌いなことがクッキリしてきます。

そして自我は雄弁に語る　不要なアプリの見つけ方②

なにかのキッカケで感情が落ちたときにその感情の出どころを探ってみると、その反対側に自分の好みや興味のわくこと、自分がやりたいことが見えてきます。そこで自分はそれをやってみたいんだな、と察することができます。

「じゃあ、やればいいじゃん」

するとさっそく、自我が抵抗を始めますよ。
やりたくてもできないよ。
時間がないから。
お金がないから。
家族の反対に遭うから。

どうせ○○だから。どうせ、どうせ……。

自我の抵抗は止まりません。なぜなら自我は変化を嫌うからです。自我は変わろうとする未来の自分を今までと同じ状態に戻そうと躍起になって、どうせ、どうせ、とやらない理由を雄弁に語り続けます。

なぜ、内観をしてやっと見つけたやりたいことをしてはイケナイんでしょうね。その禁止事項が不要な仮設定のアプリです。

「自分勝手なことをしてはイケナイ」
「もうこの年でムリだよ」
「今からそれを始めて、それを習得するまでどれだけの期間がかかると思ってんの？」

などなど、自我が言う禁止事項を、試しに全部聞いてみるといいですね。

そのたびに、ああ自分って本当に制限が多いな、と気づけるでしょう。それが悪いって言ってないですよ。ただ知るんですよ。そのように思ってしまうクセがあるんだな、と知るのです。それがこの肉体の特性、心の傾向なのです。

「自分の特性＋宇宙の真実」でできること

その肉体の特性を活かして生きるということで、自分が進みたい方向性が見えてくるはずです。

ちなみにそれが不要な仮設定のアプリだったと断定して、変えなくてはイケナイ！　は違いますよ。変えたければ勝手に変えるだろうし、そのままがイイのならそれでいいんですから。人は自分の好きな方向に進んでしまう習性があるのでしたね。それは水が低きに流れるように。

で、まずその自分の特性を知ってから、次に量子もつれや「空《くう》」という宇宙の真実について知って、自分の特性を腹落ちさせる。すると、これからの人生が、今までと違った景色が見えてきます。

自分の特性を知るために、まずは試しに「感じるということの練習」をしてみます。すると自分の基準がわかってきます。

そこで、
自分の基準で考えて、
自分の基準で選んで、
それをヤルゾと決定して行動する。

この世は、
願うことは叶わず、自分で決定したことが叶うようになっています。
自分の特性を活かして生きる。それを思う存分楽しむ、満喫する、体験するのです。

感じることができません

夏祭り我慢大会
我慢もしすぎては
本来の自分の喜怒哀楽の
感情さえも
わからなくなりますよ
ふぅ
ふぅ

自分自身と向き合い、対話してみよう。内観を試みたり、瞑想を通じて自分の感覚を探ろうと、本や動画で学びながら実践している人も多いでしょう。

しかし、何度試しても「なにも思い浮かばない」「問題がわからない」「印象に残るものがない」「自分には感じる力がない」と悩む人もいます。

では、なぜ「感じる力がない」とまで思うに至るのでしょうか。それほどまでに自分の感覚を閉じる必要がある理由とはなんでしょうか。

それは、自分の意識の混乱が原因です。自分が経験する現象は、自分自身の意識が生み出しているものであり、ある意味で自作自演なのです。

瞑想を始めると、潜在意識の奥深くにある重く停滞した感情が浮上しやすくなります。特に、瞑想中に高い波動のエネルギーと共鳴すると、低い波動との間でバランスを取ろうとする働き（ホメオスタシス）が生じ、潜在意識に抑え込んでいた感情が表面化しやすくなるのです。

こうした感情の浮上は、まるで水面下に沈んでいた冷たい水が、かき混ぜられて適温に調整されるようなものです。過去の抑圧された感情、幼少期の傷、悲しみや怒りなどが記憶やトラウマとして浮かび上がることがあります。

しかし、それらに向き合うことは容易ではありません。なぜなら、心の奥底に封じ込めた記憶と再び向き合うことは、辛い体験を再び味わうようなものだからです。そのため、多くの人は無意識のうちに「感じる」こと自体を拒んでしまいます。

本当の自分に向き合うために

せっかく浮上した感情を無視し続けると、さらに強い形で現れることになります。「もっと明確に気づかせるために」起こる現象であり、日常生活のトラブル、健康問題、突発的な事故などの形を取ることもあります。

こうした出来事を通じて、「いつ本来の自分に立ち返るのか?」という問いがどこからともなく突きつけられるのです。そして、その問いに向き合うことができるのは、他の誰でもなく自分自身なのです。

瞑想を活用することで、これらの現象を書き換えることも可能です。例えば、今もっとも強く感じている不快な感覚に意識を集中すると、観察する自分(主体)と観察される感情(対象)との間に相互作用(量子もつれ)が生まれます。その結果、直感的なメッセージやインスピレーションを受け取ることができるようになります。

また、テレパシー的な感覚を通じて、自分や他者に対して意図を送ることもできます。祈りを捧げることによって、波動が相手に伝わり、相手も無意識のうちにそれを受け取ることがあります。しかし、ここでもホメオスタシスが作用し、「変化したくない」という自我の防衛が働くため、受け入れることを拒んでしまう場合もあります。

こうした意識の働きに気づき、迷いや不安を感じたときには、自分自身に問いかけてみましょう。「自分はどうしたいのか?」「本当はどう感じているのか?」と、自分の声に耳を傾けることで、意識の混乱が少しずつ解消されていきます。それが、魂と向き合い、本来の自分と対話することにつながるのです。

今まで魂の声を無視してきたからこそ、意識は混乱し、心と体がバラバラに感じられることもあるでしょう。しかし、魂とつながり、本来の自分を取り戻すことで、意識の統合が進み、人生に調和が生まれていきます。

もしこの文章を読んで「そんなの信じられない」と感じたなら、それもまた、あなたの自我が変化を恐れている証《あかし》かもしれません。しかし、それに気づいた時点で、すでに本来の自分へと近づいているのです。

魂の声を聞く方法

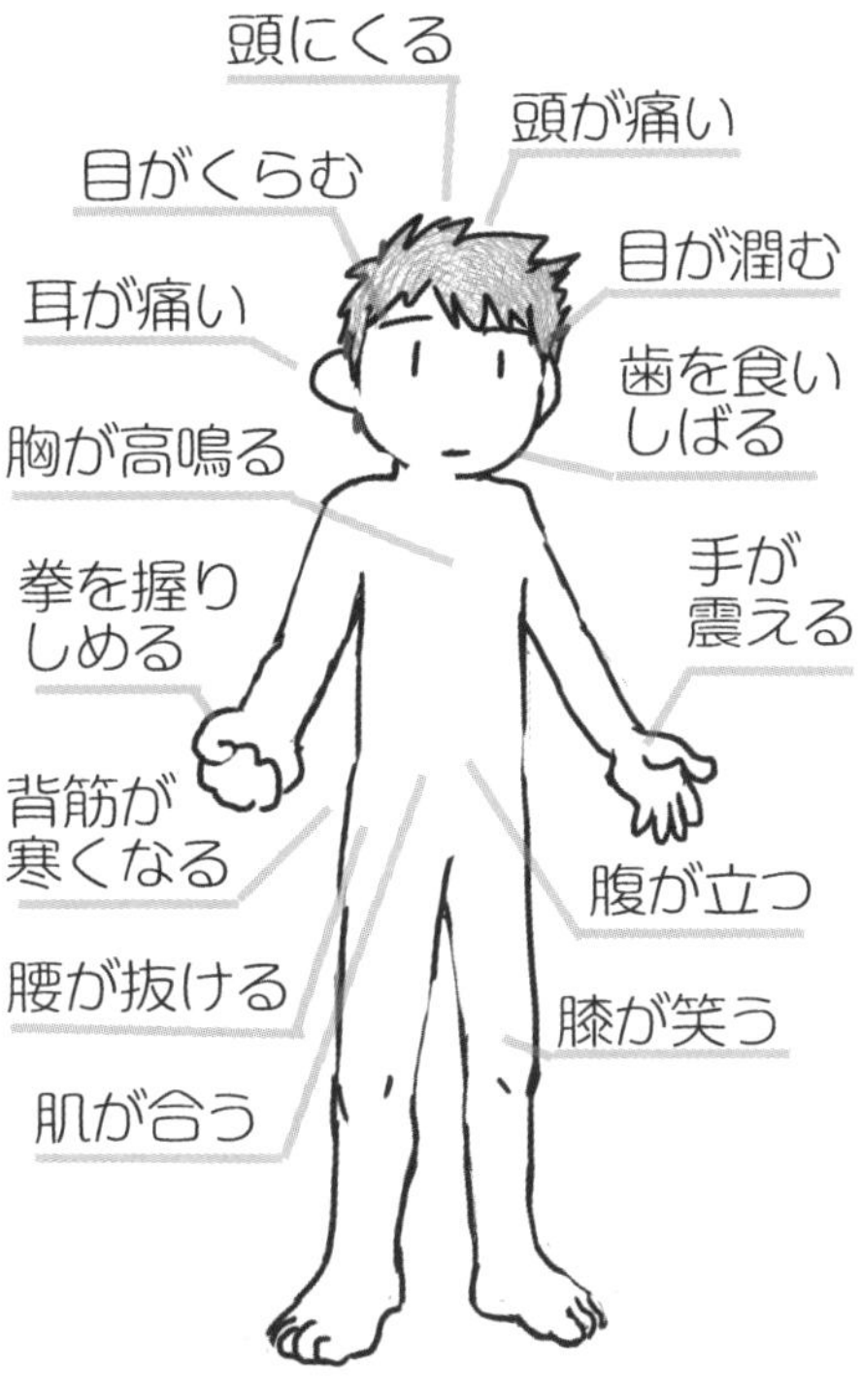
頭にくる
頭が痛い
目がくらむ
目が潤む
耳が痛い
歯を食いしばる
胸が高鳴る
手が震える
拳を握りしめる
背筋が寒くなる
腹が立つ
腰が抜ける
膝が笑う
肌が合う

感じるための肉体

私たちは、感覚を通じてさまざまなことを体で感じ取ることができます。普段、外の出来事に対する反応は、体のさまざまな部位で知覚されています。例えば、胸やお腹、鼻などで感じることがあるでしょう。

強い悲しみを感じると胸が痛くなったり、わけがわからず不安になると胸が重くなったりすることがあります。長年の疑問が解けると、胸につかえていたものがスッと消えるように感じることもあります。

逆に、なにか怪しいと感じると胸騒ぎがすることもありますし、強い拒絶感を持つと胸が締めつけられることもあるでしょう。愛されていると実感すると、胸が温かくなり、筋肉の緊張が解けてリラックスすることもあります。

また、怒ると「腹が立つ」と言いますし、納得すると「腑《ふ》に落ちる」

「腹落ちする」という表現を使います。決心すると「腹を括《くく》る」と言い、怪しいものを探るときには「腹を探る」と言います。こうした言葉からも、私たちが体感覚を通じて物事を理解していることがわかります。

これらの感覚は、日常の選択にも役立ちます。例えば、私はAとBのどちらを選ぶべきか迷うとき、胸のあたりが軽くなったり、表情が自然と明るくなったりするほうを選びます。

反対に、気が重くなったり、胸に圧迫感を覚えたりする選択肢は、本来の自分が望んでいない可能性が高いのです。

人を信じるべきか迷うとき、漠然とした不安がよぎることがあります。それは、言葉では説明できないなにかを本能的に察知しているからかもしれません。その直感を無視すると、後悔することもあるでしょう。

こうした感覚を鍛えることで、より敏感に察知できるようになります。例えば、熱い鍋に手が触れた瞬間に反射的に手を引っ込めるように、直感的な反応も自然と素早くなります。

また、天然石やパワーストーンを身につけると、心地よい波動を感じることがあるかもしれません。鍼《はり》治療では、特定のポイントへの刺激が体の別の部分にも影響を与えますし、アロマやお香の香りがリラックス効果をもたらすこともあります。

直感活用へのプロセス

魂の声を聞くとは、耳で聞く音とは異なり、心の内側に響く感覚のことを指します。思考を静めたとき、直感的に答えが浮かぶことがあります。それを「神の声」と呼ぶ人もいれば、「先祖の声」「ハイヤーセルフの導き」と表現する人もいるでしょう。直感を信じることで、自分にとって最適な道を選ぶ手助けになります。

迷ったとき、心に葛藤が生じたときは、魂に問いかけてみましょう。すぐに答えが得られなくても、無意識のうちに脳は答えを探し続けています。そして、ある日突然、目にした記事や会話の中の一言がヒントとなり、気づきを得ることがあります。

気づきを得たら、それを受け入れることが大切です。「なるほど、そういうことだったのか」と納得し、過去の自分の気持ちを理解することで、新たな視点が開けます。そして、その思い込みを手放すかどうかを決めるのは自分自身です。

自己理解を深めるためには、内観を繰り返すことが有効です。初めは難しく感じるかもしれませんが、続けることで少しずつコツをつかめるようになります。疑い深い人ほど時間がかかるかもしれませんが、それにも理由があります。過去の経験やトラウマが影響していることもありますから。

「なにがあったのか?」と自分自身に問いかけることで、心の奥に眠っていた答えが浮かび上がることがあります。自分自身の感情に寄り添い、理解してあげることで、新たな気づきを得ることができるでしょう。

こうしたプロセスを積み重ねることで、直感を活用する力が養われます。最初は不安に思うかもしれませんが、続けることで「本当にこうなるんだ!」と実感する瞬間が増えていきます。自分自身を信じ、魂の声に耳を傾けることで、より充実した人生を歩むことができるでしょう。

モヤモヤ、イライラ、ムカッが好機！

情報場のWi-Fiは弱くて、ささやかで聞き取りにくい。そこでシャリコが提案しているのは、「感じるということをしてみよう!」です。繰り返しお伝えしますが、多くの場合、不要なアプリは不愉快な感情や心に葛藤が起きたときに発動します。

モヤモヤ、イライラ、カチン、ムカッ、ザワザワが起きたら、どんなアプリが発動しているんだろう? と自分に問いを立てます。

一見、そのときの相対する相手を責めたりしてしまいがちですが、いったん心を落ち着けて、リラックス状態を維持して、自分と向き合います。いきなりサクサクできることではないと思いますが、じっくりご自分と向き合う、自分と対話するということを、しばらくの期間続けてみることをお勧めします。

対人関係は多くの場合、対話が大切です。これは、現在の自分が過去の自分と対話する場合も同様です。

まずは自分と向き合って対話できるかどうかを見極めてください。自分との対話が不十分であるならば、深層に置き去りにされたトラウマにも似た思いや記憶、また無意識に取り入れてしまった、実は害とも毒とも言えるような概念や信念が潜んでいるはずです。

小さなモヤモヤつきの間に不要なアプリをオフにすること、そうすることが中庸でいる、自分の軸を確立する、つまり不動心を得るということになると私は実感しています。

不要な仮設定アプリは不要なプログラムとも言い換えられます。

人の脳は、思っていたよりポンコツでした。プログラムにはエラーがつきものです。エラーが起きたら修正する。そこに妙な意味づけをする必要ナシ。私を含めスピリチュアル界隈に馴染みのある人あるあるなのは、

「この起きた出来事にはいったいどんな意味が隠されているんだろう？」とすぐ探ることです。そんなことをイチイチしていたらアッと言う間にオダブツですよ。

起きたことの意味は、起きてから行動して解決してしばらく経たないとわからないようになっています。後になってからしかわからないんだから、考えあぐねて停滞するのではなく、早いとこエラー修正してくださいってことです。時間は命です。

なんのために生まれてきたの?

——魂の課題を果たすヒント

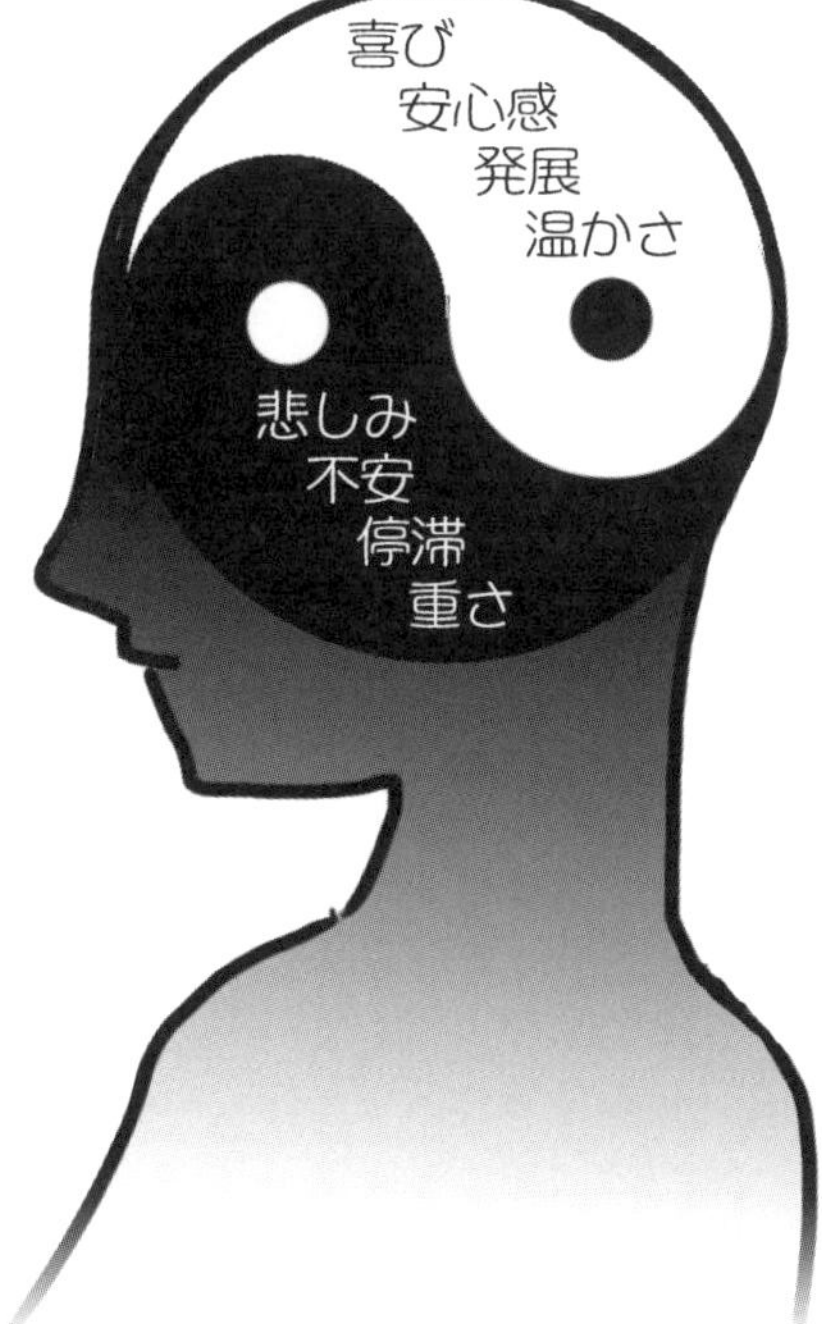

なんのために生まれてきたの？

この問いに対する答えのひとつは明白です。

私たちは、感じるために肉体を持っています。魂は万能であると考えがちですが、実は肉体を持つことでしか得られない体験があります。魂が肉体を通じて味わう感覚や感情こそが、人生の大きな目的のひとつなのです。

魂は、肉体を通じてさまざまな経験を重ねることで、情報を収集して「場《フィールド》」に送信しています。そのため、「場」を情報場と表現することもあります。そして、肉体を離れるときに持ち帰ることができるのは、この経験によって得られた情報だけです。だからこそ、スピリチュアルの世界では「感じきること」が重要だと言われています。

闇を知るからこそ光がわかる

すべての物事には陰と陽の両面があります。それはまるでコインの裏表のようなものです。光は闇を知ることで初めてその存在が際立ちます。過去の辛い経験も、振り返れば必要なステップだったと気づくことがあるでしょう。そうした視点を持つことで、出来事の解釈が変わり、人生のシナリオもまた新たなものへと書き換えられていきます。

例えば、「信頼」というものを学ぶために生まれてきた魂は、その対極となる体験を何度も繰り返しながら、本質を理解していきます。裏切られること、欺かれること、不信感を抱くようなこと、嘘やごまかし、これらの体験を通じて、真の信頼の意味を見出していくのです。人は対比によってしか物事を認識できません。闇を知るからこそ、光がわかるのです。

なぜ、あの人は嘘をついたのか。なぜ騙されたのか。なぜ裏切られたのか。これらの問いに向き合うことは時に苦しみを伴います。しかし、その探究の先に、納得できる答えが見つかることがあります。そして、その気づきを通じて自分自身を見つめ直し、成長していきます。
過去の辛い出来事が、今の自分を形づくる糧となったと悟ったとき、それらの体験は「負」ではなく「正」へと転換され、その積み重ねはスキルとして身について有意義な経験になります。

しかし、人生には繰り返し同じような出来事が起こることがあります。それは、魂がまだその学びを修得しきれていないからかもしれません。「神は私を見放したのか」と嘆く前に、「まだ理解できていないことがあるのかもしれない」と気づくことが大切です。そして、「十分に体験し、学びを得ました」と魂の課題を完了させることが、次のステージへ進む鍵となります。

感情に振り回されない

人生の出来事は、波のように振幅します。陽の側には、喜びや温かさ、安心感といったポジティブな感情があります。一方、陰の側には、重さや悲しみ、停滞といった感覚があります。しかし、陰が悪で陽が善というわけではなく、それぞれがただ存在しているだけなのです。この陰と陽のバランスこそが、人生を成り立たせています。

音楽で例えるなら、低音の響きがあるからこそ、高音の旋律が美しく際立ちます。同じように、人生においても、陰の経験があるからこそ、陽の瞬間をより深く味わうことができるのです。すべては対比になっていました。

「もうこれ以上、悲しみを経験したくない」と思うこともあるでしょう。しかし、すべては陰陽のバランスで成り立っています。もし悲しみがなければ、喜びの価値もまた感じにくくなるのです。負の経験は、その対極にある正の経験をより強く際立たせます。

「良いことがあったら、次に悪いことが起こるのではないか」と不安に思うかもしれません。しかし、重要なのは振り子を大きく振りすぎず、なるべくニュートラルな状態を保つことです。これは、精神を「ゼロポイントフィールド」に留めることとも言えます。

ゼロポイントフィールドとは、すべての可能性が存在する状態です。陰陽の力が拮抗したポイントです。それは凪《なぎ》のような景色です。意識を中庸に保ち、極端な感情に振り回されないことで、人生のバランスを整えることができます。

これは、まるでテニスプレイヤーが常にコートの中央に戻るようなもの。どの方向から飛んできたボールにもすぐに対応できるように真ん中で待機します。同様に心を真ん中に置いてバランスを取ることが大切です。

こうして陰陽のバランスを取る

私たちの肉体は、魂の乗り物であり、車に例えられることもあります。車のギアを変えるとき、必ずニュートラルを経由するように、私たちの心も常にゼロポイントへ戻ることが大切です。

もし感情が大きく揺れたら、それを中和してニュートラルな状態に戻す。これを繰り返すことで、次第に極端な波の振れ幅は小さくなり、穏やかな心の状態を保てるようになります。

例えば自分は「のろま」なのか、と心が沈んだ場合、見方によれば「のろま」と言われてしまう場合もあるかもしれないけれど、それは言い換えると「丁寧に行うことができる」と思い直すことができます。これが中和を意味します。

「あの人寡黙でちょっと暗いよね」と思われる人は、実は他者を軽々しく評価しないと決めている人。なぜなら不当な評価に苦しんだ経験があるかもしれないからです。であるならばこの場合の「暗い」という評価は、実は「優しい」に置き換えられるかもしれない。

「自分は失敗ばかりしている」と沈むならば、それはたくさんのチャレンジをしてきた、ということでもあります。失敗はチャレンジをしなければ絶対にできない体験です。また、失敗とは違う方法を知った、ということと同義語です。このように物事の両面を見るのです。なぜならこの世は陰陽のバランスだから。

人生において、陰と陽は常に共存しています。それらを対立するものと捉えるのではなく、相補的なものとして受け入れることが、より豊かな人生へとつながるのです。

ほどくべき量子もつれ、
ほどかなくてもいい量子もつれ

日常の出来事や人間関係で数多の量子もつれが発生しています。であるならば量子もつれとは人間関係の関係性、絡み合いの中でも起きることであり、それを「縁」と言い換えることもできるかもしれないと先述しました（63ページ）。

ほどくべき量子もつれとは、悪縁を断つということでもあります。悪縁とは腐れ縁です。

結ばれた縁の対象は人や環境です。なぜ自分の世界に本当は好まない人を登場させてしまったのか。なぜ自分は好き好んで居心地の悪い環境を選んでそこに甘んじて居座っているのか。なぜ我慢しているのか。なぜ仕方がないとあきらめているのか。

それらの思いの裏側に制限や限定や自分が正しいと思い込んでいるルールや自分なりの常識、本当はそうしたくないのに、その思いとは裏腹に自分にとっての最適な行動ができないでいる躊躇の元があります。その元が不要な仮設定のアプリです。それらをあぶり出して断つ。これがほどくべき量子もつれです。

反相関のもつれはイヤ！

くどい説明を端折《はしょ》ると、それで結局なにをほどくの？

ハイ、それは、自分の潜在意識内である自我の構成要素の情報と、すべて在るという情報の「場《フィールド》」から抽出したい望む現実の周波数が反転しているならば、反相関（シングレット）のもつれを起こしています。

例えば「幸せになりたい」というフォトンの波を発信すると「幸せになれない」という現実の粒に決定されてしまう（反相関）。

それはイヤ！　私は、同じ向きの量子のペアにしたい！　量子もつれの現象は、今のところなぜその現象が起きるのかはわからない、ということはわかりました。でも、でもでも、私は思いの通りに欲しい現実を顕在化したいのだ！　なにがイヤって、私は願っているのに叶わないのがイヤなのです。
まあ、勝手なもので、私の自我は言いたい放題です。

さてと、ここで思い出していただきたい。この世はすべてのことは陰陽のペアになっていました。……と、いうことは、陰を消したら、ついでに陽も消えますよ。片方だけというのは、残念ながらないのですね。

であるならば両者の特性を同種にすることで反相関のもつれは解消します。そもそも量子もつれ自体は起きてしまうのですが、イヤなのは反相関ですね？

それなら簡単です。心と魂が仲良くする。言い換えれば自我と真我の意見をイコールにすることが本書の場合のもつれをほどくという意味です。
人間関係のしがらみ、食い違い、誤解、コントロール、争い事、偏見などの絡み合い、もつれ、ねじれがパパッと変わってニヤニヤ、ウヒヒに反転します。

例えば、幸せになりたいなら、今スグここで幸せのフォトンを自ら醸し出せばその波はあたり一面に波及して、同調が始まり共振共鳴が起きます。それは波動関数が収縮したという状態です。

そのときに自然と「あ、こうしてみよう」とひらめきが起きます。そのひらめきが粒です。そのひらめきの通りに行動するのです。

地球は行動の星です。願って思っているだけではまず幸せの訪れは遅いでしょう。本登録の自分が「それをするゾ！」と決定して行動するのです。

まとめ

ほどきたい量子もつれとは、負の反相関。例えば、幸せになりたいというフォトンの波（↑）が、幸せになれないという結果の粒（↓）になってしまう関係。

あなたのフォトンは幸せと共鳴するか

――量子の仕組みを活用する法①

「幸せになりたい」と強く願うと、その思いが光子（フォトン）となって周囲に広がります。このフォトンは量子状態にあり、可能性の重なり合った状態です。それは互いに対極的な性質を持つペアとなり、情報をやり取りする関係にあります。

また、私たちの周囲の環境も量子的な要素を含んでおり、異なる性質のものが層（レイヤー）となって存在しているとイメージしてみましょう。地球には重力があるため、重い性質のものは下へ、軽い性質のものは上へと配置されるのです。

私たちがどの層と共鳴するかは、自ら発するフォトンの波動によって決まります。幸せな気持ちで発せられた波動は上層部と共鳴し、悲しみや苦しみの波動は下層部と共鳴します。

上層部と共鳴すると、その波動と調和する要素が直感やひらめきとしてフィードバックされます。その結果、私たちは心地よい流れに導かれ、シンクロニシティを体験するのです。

しかし、「幸せになりたい」と願っているのに、現実が辛いことばかりという場合、それは自分のフォトンの周波数が下層の要素と共鳴しているからです。つまり、無意識のうちに「辛い」という波動を発しているため、同じ要素を引き寄せてしまうのです。

情報場からのフィードバックは、山びこのようなものです。

「楽しい！」と発すれば、「楽しい！」が返ってくる。

「辛い……」と発すれば、「辛い……」が返ってくる。

だからこそ、幸せを望むならば、まずは小さな幸せを見つけ、それを感じる時間を増やすことが大切です。たとえ今がどん底でも、心が少しでも安らぐ瞬間を意識し、それに浸ることが鍵となります。

「私は今、幸せだ」と感じる
——量子の仕組みを活用する法②

願いを発すると、それは量子のペアとして情報場に伝わります。「幸せになりたい」と願った場合、そのフォトンは「幸せになる」と「幸せにならない」の可能性を持ったペアの状態になります。

自分が「幸せになる」という側の波動を発すると、ペアのもう一方は「幸せにならない」という波動になります。これが量子もつれの仕組みです。

このままでは、どれほど願っても「幸せにならない」側の波動が影響を及ぼし、思い通りの現実をつくることは難しくなります。

ここで大切なのは、情報場の性質を理解することです。情報場とは、すべての可能性が存在する量子的な世界です。そこには、善も悪も、白も黒も、あらゆる情報が含まれています。それはまだ形になっていない、観測されていない状態で漂っているのです。

「幸せになりたい」と願うと、その思いに乗ったフォトンが発信されます。しかし、そこに込められた本音が「今は幸せではない」というものだと、それがそのまま波動として伝わり、「幸せではない状態」が共鳴することになります。

フォトンは、感情や思考の波動をそのまま反映します。

この負のもつれをほどくためには、情報場と自分を同じ状態にする必要があります。つまり、すでに「幸せである」という状態に意識を向け、それを体験することが重要です。

「私は今、幸せだ」と感じることに没入し、それを日常的に繰り返します。この感情が定着すると、発するフォトンも「幸せ」の波動を持つようになり、「場《フィールド》」の波動と共鳴を始めます。

共鳴が進むと、波動関数が収縮し、望む現実が形を持ち始めます。これが直感やシンクロニシティを通じて現実化されていくのです。

私たちの意識と情報場が一体となることで、量子もつれはほどけ、調和した状態が生まれます。

幸せの波動を選択する

大切なのは、望む現実の波動をすでに発している状態になることです。「幸せになりたい」と願うのではなく、「幸せを感じる」ことに意識を向けます。

幸せな気持ちを感じながら日々を過ごすことで、同じ波動の要素と共鳴し、望む未来へと導かれます。これが、量子の仕組みを活用した「もつれをほどく」方法なのです。

本登録の自分のできあがり

「今、幸せになる」ということの意味はこの肉体の自分が発する波動を快にするということです。

すると情報場と肉体との関係性で最適な循環が起きます。仮に現実がどんなに困難な状態でも快の感覚を維持します。まさに今、自分が身を置いている場で、状況で幸せを感じるのです。それはなかなか高度なことですねぇ。

ここで高い視座、広い視点が必要となります。それは魂目線です。

「今の自分は困難な状況だけど、本当はどうしたいのか。本当はどう言いたいのか」

と自分に問い続けて模索するのです。

高次の存在は4次元時空間にいる量子の片割れが独自の課題をこなし、体験を実り多き経験に昇華させ、精神の成長を望み、その人なりに望むハッピーエンドで肉体を離れることを最大の喜びとしています。

極楽極楽、ありがとう

「今、幸せになる」とは、できれば腹の底から、心の奥から最上級の愛と感謝の自分になりきった存在になるということです。

それが肉体の自分が発する波動を快にするということであり、精神を量子状態の「空《くう》」にするということです。仮設定ではなく本登録の自分で生きる。ゼロポイントフィールドにピン留めする。それはまさに神と同調するということでした。それが魂と肉体の心が仲良くなるということです。

「もっと具体的に言ってください！」

ハイ、

それは、どんなに困難な状況であっても「私は見ることができる。聴こえる。話せる。歩ける。書ける。考えることができる」と今、難なくできることすべてに「ああ、ヨカッタ」と喜んで感謝するのです。

空が晴れただけでも「なんて清々《すがすが》しい青空なんだ」と見上げながら、青の世界に没入して太陽のエネルギーを吸い込みます。そして雨になれば「乾いたお肌に潤いをありがとう」です。実はどんな天候でもありがたいことなのです。これが幸福度の高い心の状態です。このとき自分から醸し出されるフォトンの質は快です。

夕食が味噌汁と漬物だけでも「今日も美味しくいただきました」と機能する内臓に感謝です。お風呂で湯舟に浸かりながら「フー、気持ちイイ〜極楽極楽」です。

必ず入る高次のサポート

それもできないほどヤバイ状況ならそのヤバさをヤケクソでいいから感

じ尽くします。「こわいよ、こわいよ」と不安、恐怖、絶望のザワザワで手も足も出ない。退路を断たれた前方は断崖絶壁。これは絶望の体験です。
このとき今までの自分がいかに傲慢だったか思い知らされます。どれだけ慢心していたかがわかります。心の底から「ごめんなさい」かもしれません。するとそれまで「自分責め」をしていた自我は沈黙します。

いよいよ限界に達して「もう、ムリ！」となったとき、陰極まり陽に転ずるということで弾けるように人は行動を起こします。それが閉塞感極まりない現状から抜け出るということです。後ろから火が迫ってきていれば、前が波立つ海でも飛び込むしか選択肢はありません。

そのときできる限りのことをすべてやる。自分の能力を総動員してやる。「結果は天にお任せします」と謙虚に委ねる。すると必ず高次のサポートが入りました。それは一度ならず二度三度。

今、最悪だという状態なら思う存分最悪という体験を満喫する。まさに奈落の底探検ツアーに参加です。

怖いという体験とは顔から血の気がサーッと引いて唇は紫になることなんだな。怖いからなのか、怒りからなのかよくわからないけどこんなときって手が震えるんだなぁ。悲鳴をあげて助けを呼ぼうにも声が出ない。ただ口をパクパクするだけだ。——と徹底的に自分の心身の反射的に起きる反応を意識的に感じます。自分観察の究極版です。こんな状況でここまでできれば自分観察は免許皆伝です。

すると「もう限界、やーめた」とスカッと思えるタイミングが必ず来ます。その場を去ろうと決心したら、その関係を解消しようと決心したら、その習慣を改めようと決心したら、必ずサポートが入るから安心して苦しんでねということです。

どうも決心しない限り宇宙のサポートは入らないルールらしい。体験を感じる世界がこの世という4次元時空間です。すべての可能性が無限大にあるという高次では、喜びや幸せの体験はもちろんのこと、恐怖や悲しみの体験も喉から手が出るほどオイシイ情報なのです。だからすべて在るし有るのです。

しかし、なにもここまで切羽詰まった状態まで我慢するのもナンセンスです。まずは徹底的に自分観察をして自分に対して「感じる練習」をすることで自分の特性を知る。知ったらその次は自分の特性を活かして生きる。これは自分の軸が太くなったということでもあります。

それが不要な仮設定のアプリを整理整頓した状態であり、能動的に自分の人生ゲームに参加表明した本登録の自分のできあがりの姿です。

量子もつれのほどき方

パソコンやスマートフォンは人間の脳を模してできている、と言います。であるならば、脳をパソコンのように使おうよ。という発想を持ってみます。

ではそれをノートパソコンならぬ脳パソコンとでも言いましょうか。私たちは、普段自分のスマホやパソコンをサクサク使っているのだから脳パソコンもきっと簡単です。脳をスマホのように使うのです。

古いパソコンを起動させるとき、点々がクルクル回って、起動に時間がかかることがあります。その様子は「えーと、なんだっけ？」と考えているように見えます。きっとパソコンは本当に考えているんですよね。

その状態を脳に置き換えるなら、どんな状態かと言いますと、脳内にアプリがいっぱいの状態です。起動させるときに、それらが機能するように準備している時間が点々のクルクルなんでしょうね。起動しているから待っててね、とご親切に文字が出ることもありますよ。

それらのアプリは、

「ちゃんとしなければいけないアプリ」

「丁寧にしなければいけないアプリ」

「完璧でなければいけないアプリ」

「一度やり始めたらやり遂げなければいけないアプリ」

「優しくしなければいけないアプリ」

「暴飲暴食はいけませんアプリ」

「ルール違反はいけませんアプリ」

「知識のアプリ」

「技術のアプリ」

「処世術のアプリ」

などなど。数えきれないほどのアプリが長年の間にインストールされています。

あなたの脳パソコンはいかがでしょうか？

サクサク動く脳パソコンの極意

まずは重たい動作の脳パソコンをサクサク動くように初期設定しましょう。

いらない思考アプリにまみれているからこそ、人生で停滞感にさいなまれ、イラつきます。脳パソコンを春の小川のようにサラサラモードにしましょうか。

サラサラモードにする方法がリラックスです。リラックスの状態とは、緊張状態ではないということです。緊張状態とは「いつでも来い」という戦闘態勢ですね。まずはカチコチに構えて敵が来たらいつでも攻撃できる状態の戦闘態勢を解消します。

そもそも脳パソコンの工場出荷状態は、まだなにもインストールしていない状態です。それは生まれたての赤ちゃんの脳と同じですね。カラッポなのでどんな斬新なアプリもたっぷりインストールできますよ。なんでもＯＫの状態です。反対に長年使い古した脳パソコンは、もう使わなくなったアプリだらけの重たい動作のパソコンですよね。

私たちの基本はリラックスです。力を抜くこと。これが本来の基本です。きっちり詰め込みすぎてキツキツではなく、ゆったりとゆるんだ状態です。

ゆるんでいるから、血液もサラサラと流れます。ゆるんでいるから、表情も柔らかくほぐれます。力が抜けてリラックスしている状態。こうでなければすべてはウマク機能しません。どこかが滞ると、肉体も精神もエラーを起こします。機能不全です。

まずは肉体も精神もゆるませて、ゆるんだところでナニカを上乗せしていく。

シャリコはいつもそんなイメージで瞑想を始めています。

シャリコが瞑想で行っていること

実は情報場の中心の位置であるゼロポイントフィールドは、もっともエネルギーが高く、無限の可能性が広がる「場《フィールド》」の座標です。

そこは、陰と陽のエネルギーが拮抗したバランスの場で、あらゆる要素が同時に存在する量子的な状態です。この中心は、単なるゼロ地点ではなく、飛び出した三角形の頂点のようなものです。その頂点がゼロポイントフィールドであり、その状態は「空《くう》」であると言えます。

▼瞑想を通じて自己を深く見つめ、不必要な執着や固定観念、過去の記憶を見つけ出します。それらに対して異なる視点を持ち込むことでバランス

を取り、本来の純粋な自分へと変化させていきます。これは潜在意識の書き換えにつながります。こうしたプロセスを経ることで、瞑想開始直後に浮かぶ雑念も次第に静まります。

▼無限の可能性の中から、自ら望む現実の要素を選び取ることを意識します。普段の活動中の脳波はβ《ベータ》波の状態だと言われていますが、私は実際に測定したことはなく、体感として認識しています。そのため、自分の感覚を研ぎ澄ます練習を行っています。

▼そこから徐々に自分の内面に意識を向けていきます。これは、周波数を下げることに相当すると言われています。周波数を下げることで、逆に意識の次元は上昇し、視点が高まります。すると、「場」と自分の間に交流が生まれるのです。

▼体の力を抜き、リラックスします。瞑想状態へと入っていきます。これは半覚醒状態とも呼ばれ、意識が変容する状態です。目を閉じて心を落ち着けることで、脳波は自然とα《アルファ》波に移行すると言われています。リラックスすることで脳はこの状態へと移りやすくなるのです。

▼気づきを深めながら、さらに内観を進め、潜在意識内の不要な情報を訂正し、本来の自分へと近づいていきます。

▼脳が静まることで、量子的な状態を維持し、「場」と一体となるように没入していきます。自身のエネルギーと、無限の可能性が重なり合う量子的なフィールドの中に意識を向けます。

▼自分が発するエネルギーの波と、「場」に漂う同調する波が共鳴を始めます。これは、波動の統一へと向かうプロセスです。

▼リラックスを保ちつつ、さらに深く瞑想に入ります。このとき、脳波はθ《シータ》波の状態になると言われています。そのため、心地よさから眠くなることがありますが、意識を保つことが重要です。

▼ある瞬間、エネルギーが集約され、量子状態にあったものが具体的な形として現れることがあります。それは、直感やアイデア、ビジョン、メロディー、あるいは思いがけないひらめきとして現れるでしょう。

▼その結果は、シンクロニシティとして現実に反映されます。その瞬間を楽しみ、感謝の気持ちを持つことで、さらなる良い循環が生まれます。

こうして「場」とつながる

まずは瞑想を習慣化することから始めます。目を閉じ、雑念にとらわれず、自分自身と向き合う時間を積み重ねることが大切です。潜在意識のクリアリングは一度で完了するものではなく、根気強く続けることで少しずつ進んでいきます。

自分に合った瞑想法を見つけてください。快適に取り組める方法が最適です。たとえどんなに権威がある有名人が「この方法がいい」と勧めたとしても、自分にとって心地よいかどうかは個人差があります。自分に合う瞑想法を選び、それを習慣化することが大切です。

瞑想を継続することで、潜在意識がクリアになり、日常の中でも必要な瞬間にすぐに瞑想状態へと入れるようになります。これは、意識がぼんやりするのではなく、目を開けたままでも変性意識に入れるようになることを意味します。

まるでパソコンやスマホで複数のタブを開いているように、意識の一部を常に「場」にアクセスできる状態にするのです。その状態では、リラックスしながらも集中を維持することができます。

このような状態を習得することで、「場」とのつながりが強まり、意識的にアクセスしやすくなります。瞑想によって脳波を量子的な状態にし、「場」とつながることで、人生をより創造的に楽しむことができるのです。

Ⅲ

空

KUu

シャリコの「空」の捉え方

これまで本書でたびたび「空《くう》」というワードを使ってきました。お気づきでしたでしょうか。「空」とは、量子状態、波動関数、重ね合わせ状態、非二元論だと私は捉えています。

またそれは、ゼロポイントフィールド、アカシックレコード、サムシンググレイト、量子情報場、クラウド、宇宙の外壁、愛の領域、ホーム、真我、大我、ハイヤーセルフ、パラレルセルフ、創造主、神、魂、源、大いなる存在、高次の存在、内なる存在、などと言い換えることができるでしょう。

「空」という概念を仏教哲学の視点から見ると、「すべてのものは固定した実体を持たず、相互依存しながら存在する」という考え方になります。それを量子力学の概念と結びつけるのは、現代でもよく議論されるテーマのひとつです。

▼量子状態・波動関数
すべての粒子は確定した実体を持たず確率的な存在として広がっている

▼重ね合わせ状態
物事はひとつに定まらず、複数の可能性を同時に持つ

▼非二元論
物事を優劣や善悪のように二元的に分けるのではなく、もっと流動的なものと捉える

というように、確かに仏教の「空」と量子力学には共通点があるように思えます。

物理学者の中にも、仏教哲学に興味を持つ人は多く、特に量子力学の

「観測によって状態が決まる（波動関数の収縮）」という考え方が、「空」や「縁起（すべては関係性の中で成り立つ）」の考えに似ているなぁ、というのが私の感想でもあります。

こだわりを持たないということ

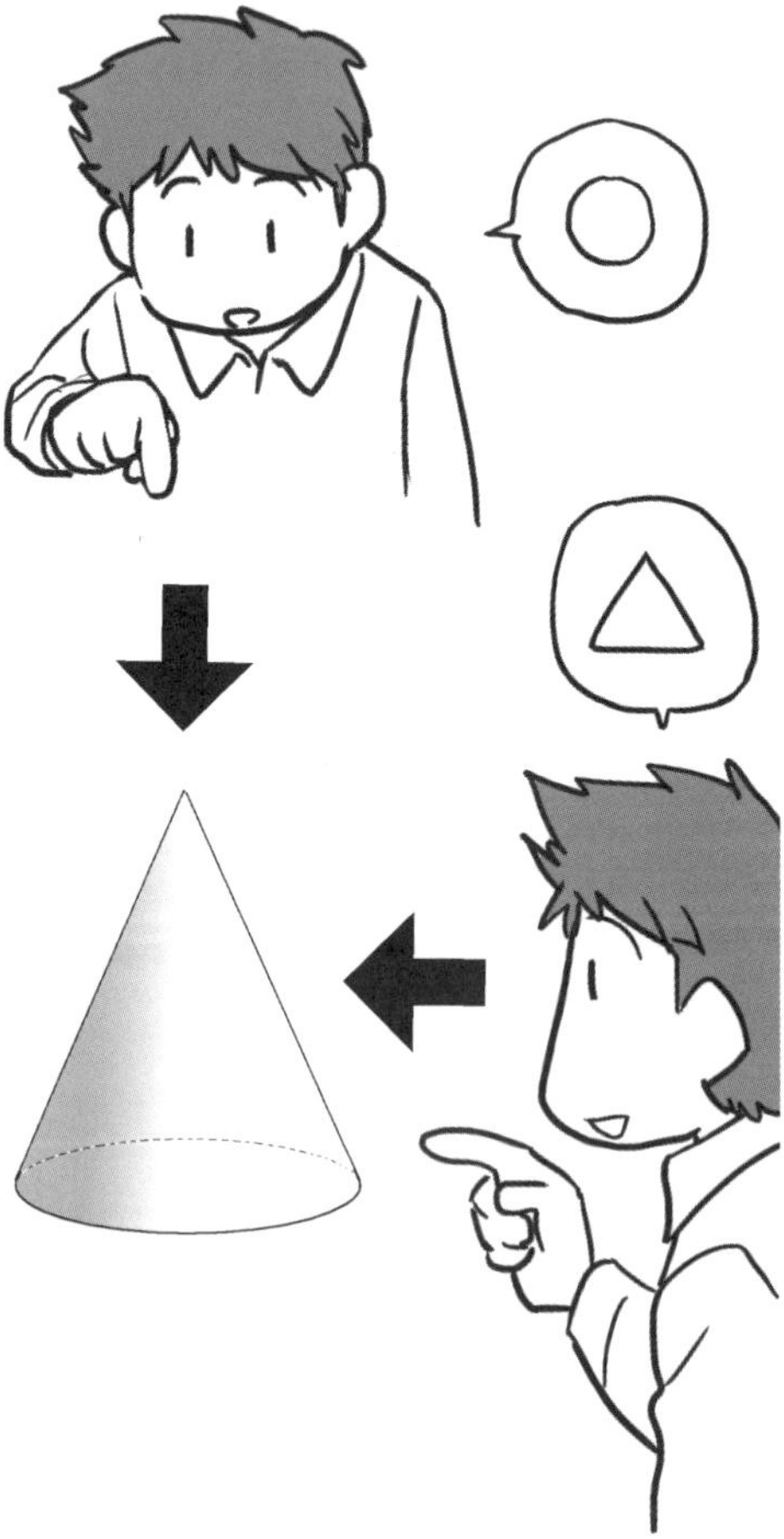

般若心経では、「無」という概念が繰り返し語られています。そこでは、物質もなければ精神もなく、五感の境界もなく、始まりや終わりもない。修行や悟りすらも存在しないと説かれています。

この「無」という言葉は、単なる否定ではなく、「こだわりを持たない」「区別をしない」という意味を持つと私は捉えています。

この世界に起こる出来事は、ただの現象にすぎず、そこに意味づけやストーリーはありません。善悪や優劣の判断もなく、それはただ「起こったこと」として存在します。まるで、量子のもつれがほどけたように、すべては自由であり、どちらの選択肢を取っても構わない状態です。

例えば、食事を選ぶ際に「カルボナーラでもトマトソースでもどちらでもいい」と思う感覚。それが「こだわらない」状態です。「あ、ゴメン、やっぱり今日はボンゴレしかつくれないわ」と言われたら、「じゃあボンゴレでいいよ」と受け入れることができる柔軟さ。それこそが、執着を手放すことの象徴と言えます。

◯すべては観る人の心しだい◯

また、人はそれぞれ異なる視点から物事を見ています。3人の人がシャリコを見て、それぞれ異なる印象を抱くのは当然です。その印象は、過去の経験や価値観のフィルターを通して形成されたものであり、実際の私とは異なります。

例えば、過去に私に似た人に意地悪をされた経験がある人は、「意地悪そうな人だ」と感じるかもしれません。一方で、私の雰囲気を好ましく思う人は「いい感じの人だ」と捉えるでしょう。さらに、私の話し方を心地よく感じる人は、癒しを覚えることもあるかもしれません。

このように、目の前の対象をどのように捉えるかは、観る側の心のあり方に依存しています。実際には、私はただそこに存在しているだけであり、それ以上の意味はありません。赤ちゃんがご機嫌で寝転がっているのと同じように、ただ「そこに在る」のです。

自分の価値基準に合わない人を受け入れられない場合、その価値基準は自分自身にも向けられます。そして、自らの基準から外れた自分を発見したとき、劣等感や無力感が生まれ、悲しみにつながるのです。

私たちの五感が捉えた情報は、視点が変われば解釈も変わります。例えば、円錐《えんすい》を上から見ると○（円形）に見えますが、横から見ると△（三角形）に見えます。このように、ひとつの現象をどのように捉えるかは、見る角度によって異なるのです。

執着のない心で生きるという般若心経の智慧

すべてのものが「空《くう》」であるとするならば、「あなたは○○な人だ」といった固定的な判断は成り立ちません。これこそが、「こだわりを持たない」という意味であり、スピリチュアルな世界で言われる「すべては幻想」ということなのでしょう。

私たちがなにかを見て心に浮かぶ判断は、それが正しいかもしれないし、そうでないかもしれない。実際には、どちらの可能性も存在しえます。すべての出来事には、それが起こるに至った背景が必ずあるのです。

私たちは、自分が持つフィルター（仮設定のアプリ）を通して世界を見ています。そのフィルターによって、同じ景色でも異なる感情を抱きます。しかし、そのフィルターを取り換えれば、まったく異なる世界が広がるのです。

そうしたフィルターは、多くの場合、周囲の影響によってつくられたものであり、自分本来のものではないかもしれません。それこそが、「幻想」と呼ばれるゆえんなのです。

不快なフィルターは、より心地よいものに交換し、空のようになににも執着しない心の状態で生きること。それができたとき、悩みから解放されるのではないでしょうか。

お釈迦《しゃか》様が弟子の舎利子《しゃりし》に語った般若心経とは、まさにそのような智慧《ちえ》を伝えるものだと私は考えます。

ちなみに、このフィルターの交換こそが「仮設定の自分から、本登録の自分へと変わる」ためのひとつの方法なのです。

○「空」の本質○

般若心経には、「色即是空、空即是色」とあります。「色」とは物質を指し、「空」はその本質的な状態を示します。感覚、感情、観念、意志、判断など、形のない精神はすべて「空」であり、思考や意識もまた実体を持たない「空」の一部です。

「空」という概念は、量子の波と粒のような性質を持ち、観測によってその状態が決定されます。つまり、空は観測前の可能性の波であり、「色」は観測後に確定した粒の状態を表しているのです。

この宇宙の根源的な「場《フィールド》」には、すでにすべての要素が含まれており、そこには始まりも終わりもありません。生まれることも、消滅することもない。そのため実は、「悟りを得る」という考え自体が必要ないのです。

「空」はなにもない「無」ではなく、すべての可能性が詰まった「場」であり、まるで海の中に水が満ちているように、空間全体がエネルギーで満たされています。そして、その「場」は変化し続けながらも、常にバランスを保っています。それこそが、「空」という概念の本質なのです

「シャリコ版」勝手に超訳　般若心経

あるとき、瞑想中に面白いシーンが私の脳内スクリーンに映し出されました。そのストーリーがとても印象的だったので、ここであなたに披露しようと思います。それは釈迦と弟子の舎利子との対話のシーンです。

釈迦は菩提樹《ぼだいじゅ》の根元で、静かに座って瞑想していた。心を澄ませ、集中し続ける中で、フッとなにかがひらめいた。

「おおっ！　そういうことか！」

そして釈迦の目が輝いた。

「宇宙の真理にたどり着いたら、人生のあらゆる苦しみから解放されるんだ！」

その気づきに満ちた顔を見て、弟子の舎利子が駆け寄ります。

＊　＊　＊

釈迦　「なあシャリシ、ついに見えちまったよ……。すべての理《ことわり》が！」

舎利子　「え？　先生、なにかいいことでもあったんですか？　そんなにニヤニヤして……、気になります！　早く教えてくださいよ！」

釈迦　「OK、落ち着いて聞けよ。俺は菩提樹の下でじっと集中してたんだ。そしたらさ、『あっ！　そういうことか！』って、電撃みたいにズドーンと来たんだよ！」

舎利子　「へえー、で、なにがわかったんですか？」

釈迦　「この世のすべては『空《くう》』なんだよ！　でな、その世界観が腹落ちすると人生のすべての苦しみがチャラになるんだ。気分がイッキに上がるだろ？」

舎利子「……先生、ちょっとなに言っているのかわかんないです。『生きることは苦しみだ』っていつも仰っていたじゃないですか？ ついにヤバイ境地に行っちゃいました？ なにか飲んだんですか？ それって、今までの教えと矛盾しません？」

釈迦は優しく舎利子の肩に手を置いた。

釈迦「おいおい、ちゃんと聞けよ、シャリシ。大事なのは、いろんなもののすべては実はぜんぶ空なんだ。空とはいろんなものの状態なんだよ。いろんなものの中には精神も入るんだぞ。精神てのはなぁ、感覚とか感情とか概念とか観念とか意志とか判断とかも含まれるんだ。あらゆるものが『空』だということは、形あるものも、心の働きも、すべてが移ろいゆくものにすぎない。つまり、固定された実態がないのさ」

舎利子は首をかしげる。

舎利子「うーん……、わかったような、わからないような……」

釈迦「まあ、最初は難しいよな。でも、もっと深く感じてみろ。目を閉じて、深呼吸を3回して、リラックスして聞くんだ！」

舎利子「わかりました！目を閉じて、ふぅーっ、ふぅーっ、ふぅーっ……。
はい！準備OKです！」

釈迦はうなずき、そして続けた。

釈迦「よし。いいか、この世の一切は空なんだ。だから生ずることも滅することも本当の意味ではない。例えば汚いとかキレイなどという判断もないし、増えることも減ることもないんだ。空の世界はいろんなものがないってワケでオマケに精神もないんだぞ。それはな、視覚とか聴覚もないから色とか音もないんだ。さらには物とか心とかいう知覚ってものもないんだ」

舎利子は、じっと釈迦の言葉をかみしめる。

舎利子「……つまり、なにもかもが変化し続けるから、執着する必要はないってことですか？」

釈迦「その通りだ、シャリシ。そして、悟りとは『なにかを得ること』ではなく、むしろ『こだわりを手放すこと』なのだ。なにかを目指す必要もなければ、悟るための修行すら、本来は必要ない」

舎利子は目をパチクリさせた。

舎利子「マジっすか……。じゃあ、人生の悩みってなんだったんです？」

釈迦「そう！　それがポイントなんだよ、シャリシ！　すべてがないんだから始まるってことも終わるってこともないんだ。それは生まれて生きて死ぬってことがないってことさ。でな、別に修行なんてしなくてもイイ。そもそも悟る智慧もないし悟りを得ることもできないんだ。そもそも悩みってのも実体がない。だから、悩む必要もないんだ！」

舎利子「え、でも修行とか悟りとかは必要なんじゃないんですか？」

釈迦「それも『やりたきゃやればいいし、やりたくなければやらなくていい』ってことさ。大事なのは、なにかに縛られないこと。そこにこだわりってものがないんだな。そのときの心は恐れがない状態なのさ」

舎利子「えぇっ！　それじゃ、人格を高める努力とかもいらないんですか？」

釈迦「実は一切の間違った考えを遠ざけてから初めて真の悟りに達するんだ。

そこで過去、現在、未来を問わず、それに気づいた人々からこの上ない悟りの智慧が与えられるんだな」

舎利子は感嘆の表情を浮かべた。

釈迦「この最高の智慧は効果テキメンで、他と比べものにならないほどの明々白々たる無常のモットーなのさ」

舎利子　「うーん、なんだかすごい話ですね……。でも、どうすればその境地に行けるんですか？」

釈迦は微笑み、手を差し伸べる。

釈迦　「簡単さ！　最高のモットーを口に出せばいいんだよ。じゃあ、一緒に唱えてみようぜ！」

ギャーテー　ギャーテー　ハーラー　ギャーテー
ハラソー　ギャーテー　ボージー　ソワカ

釈迦と舎利子、そして仲間たちは手を取り合い、ステップを踏み、リズムに乗りながら最高のモットーである自己達成のための宣言を釈迦の導くままに天に向かって声高らかに唱えると、その声は天へと響き渡り、心の奥深くへと染み渡っていきました。

一切こだわりのない心で、欲しい現実のストーリーを脳内スクリーンで鑑賞しながら、すべての可能性が無限に在るという量子力学的な情報空間である「空《くう》」の「場《フィールド》」にフォトンの波をイイ気分で発信します。

これが道端に転がる石ころのように無力な凡人が、この美しい地球で生きる醍醐味を味わい「生きてててヨカッタ」と思えるようになった方法です。

これまで私の世界に登場してくれたすべての人に、感謝。九拝。

ありがとうございました。

さあ、ご一緒に！

ギャーテー　ギャーテー　ハーラー　ギャーテー

ハラソー　ギャーテー　ボージー　ソワカ

Shaliko シャリコ

人生《じんせい》がパパッと変《か》わる
「量子《りょうし》もつれ」のほどき方《かた》
胡散くさいけど、これが“宇宙の真実”です！

2025年4月30日　初版発行

著　者……Shaliko
発行者……塚田太郎
発行所……株式会社大和出版
東京都文京区音羽1-26-11　〒112-0013
電話　営業部03-5978-8121／編集部03-5978-8131
https://daiwashuppan.com
印刷所……誠宏印刷株式会社
製本所……株式会社積信堂
装幀者……斉藤よしのぶ
装画者……井原裕士

ISBN978-4-8047-6454-2